# À
# la fin
# du monde
# il fera beau

www.editionsatelier.com
www.twitter.com/ateliereditions
facebook.com/ateliereditions
*Imprimé en France*

ISBN 978-2-7082-5438-1

Gabriel Perez
Florian Massip

# À
# la fin
# du monde
# il fera beau

Essai sur l'inaction climatique

LES EDITIONS DE L'ATELIER

*À Mircéa, Clara, Romain, et tous les autres...*

*« La honte d'être un homme, nous ne l'éprouvons pas seulement dans les situations extrêmes décrites par Primo Lévi, mais dans des conditions insignifiantes, devant la bassesse et la vulgarité d'existence qui hantent les démocraties, devant la propagation de ces modes d'existence et de pensée-pour-le-marché, devant les valeurs, les idéaux et les opinions de notre époque. Nous ne nous sentons pas hors de notre époque, au contraire, nous ne cessons de passer avec elle des compromis honteux. Ce sentiment de honte est un des plus puissants motifs de la philosophie. Nous ne sommes pas responsables des victimes, mais devant les victimes. Et il n'y a pas d'autre moyen que de faire l'animal (grogner, fouir, ricaner, se convulser) pour échapper à l'ignoble : la pensée même est parfois plus proche d'un animal qui meurt que d'un homme vivant, même démocrate*[1]. »

Gilles Deleuze et Félix Guattari,
*Qu'est-ce que la philosophie ?*

1. Gilles Deleuze et Félix Guattari, *Qu'est-ce que la philosophie ?*, Paris, Minuit, 1991.

# Introduction
# « À mon avis, dans quelques décennies, c'est l'Atlantide, ici... »

Sur une côte du Finistère où nous nous rendons depuis l'enfance, au sud de Quimper, nous cheminons entre le bord de mer et les premières maisons. Ce sont de petites bicoques qui datent du début du siècle dernier, à une dizaine de mètres de la plage. De touchantes maisons de granit qui n'ont pas encore été embourgeoisées par le processus de gentrification de la Bretagne – ou plutôt, devrions-nous dire, par sa « parisianisation ». Dans un élan d'ironie et de provocation, en pensant à la montée inéluctable des eaux qui se profile, nous nous mettons à les montrer du doigt en hurlant : « Glou-glou ! » Et puisque notre amitié repose sur un certain sens de l'humour, nous poussons le mime jusqu'à accomplir quelques mouvements de crawl dans le vent, comme des types qui auraient une piscine d'eau de mer dans leur salon. Un besoin de rire de tout, même de la noyade annoncée.

Une façon comme une autre de mettre le réel à distance. Ce même jour, en effet, nous nous sommes « plongés » dans les rapports du GIEC[1], avec leurs lots de prédictions apocalyptiques.

Au bout du chemin, un escalier permet de descendre entre de massifs blocs de pierre installés là pour protéger la côte des marées. Dessus, on peut lire le niveau maximal atteint par l'eau. Il y a vingt-cinq ans, quand nous avons commencé à venir ici, la marque la plus haute ne dépassait pas le troisième bloc, à quelques mètres au-dessus du sable. Sur les photos de vacances prises autrefois avec des appareils jetables, elle apparaît encore dans le cadre. Désormais, la trace la plus élevée se situe à mi-hauteur du dernier bloc, à moins d'un mètre du débordement. L'ironie vient de céder la place à la sidération. Nous comprenons que, désormais, nous avons sous les yeux une zone inondable. À terme – peut-être bien plus tôt que prévu – nous perdrons un lieu cher de notre enfance.

Pendant que nous regardons avec intensité les maisons comme pour en fixer le souvenir, au beau milieu de ce tableau mélancolique – celui d'un paysage qu'on a aimé et auquel on s'apprête à dire adieu –, un détail retient notre attention. Devant nous, à quelques mètres des rochers, un homme repeint tranquillement

1. Groupe d'experts intergouvernemental sur l'évolution du climat.

ses volets. Il a choisi, en toute logique, un bleu littoral qui caractérise l'esthétique locale. Il est torse nu, serein dans le soleil, la radio posée sur un établi de circonstance. À ses côtés, des échaudages dorment sur la pelouse. Il s'apprête certainement à commencer la réfection du toit, en prévision des prochaines décennies. Comme s'il n'y avait pas de dérèglement climatique. Comme si la Bretagne était éternelle. Peut-être espère-t-il secrètement qu'avec la montée des eaux, demain, on fera de chaque village une nouvelle Venise. Une sorte de « Finistère sur pilotis ». La vérité, pourtant, c'est qu'on ne s'oriente pas vers la cité des Doges, mais vers de nouvelles Atlantides.

## Pourquoi ne se passe-t-il rien ?

Ce livre n'est pas un livre sur le changement climatique. C'est une réflexion croisée, entre un philosophe et un scientifique, sur les raisons de *l'inaction politique*. Une réflexion générationnelle, sans nul doute, puisqu'il s'agit de raconter un destin politique que nous ne désirons pas. Pourquoi ne se passe-t-il rien, ou si peu, au regard de la catastrophe annoncée ?

Cette énigme, nous avons choisi de la traiter intimement, à hauteur d'expérience. De témoigner des impasses que nous rencontrons quotidiennement dans nos vies professionnelles, et même, au cœur de nos engagements militants. Tenter de comprendre, enfin, à même la vie, pourquoi rien ne change ; pour quelles raisons la réalité du réchauffement climatique ne semble jamais pouvoir atteindre les consciences ; en un mot : pourquoi il persiste un tel décalage entre les prédictions mortifères de la science et ce qu'il est possible de (re)penser dans nos démocraties.

L'état des lieux, pourtant, est connu de tous : année après année, les rapports du GIEC s'accumulent, les prédictions s'assombrissent, les modèles les plus optimistes sont progressivement éliminés, et ce qui relevait d'une compréhension abstraite des changements à venir est devenu désormais pleinement concret. Le réchauffement climatique n'est plus seulement cette inquiétude théorique des scientifiques qui tentent désespérément d'alerter sur les conséquences dramatiques d'une économie mondialisée obnubilée par la consommation et la dépense d'énergies carbonées ; c'est devenu, désormais, une réalité intégrée à notre monde proximal : cette forte odeur de brûlé qui envahit la France entière et ses forêts, autant l'hiver que l'été ; le bruit craquelant de la terre abîmée par la sécheresse ; l'inquiétude des habitants des littoraux qui se savent condamnés par la montée des eaux ; la disparition massive des espèces qu'on croyait aussi éternelles que les neiges des sommets ; et l'annonce laconique des bulletins météo, presque systématique, qui confirme que l'année qui vient de s'écouler est encore une fois parmi les plus chaudes jamais enregistrées.

Mais au-delà de ces changements que chacun peut saisir individuellement, en reconnaissant dans son monde proximal les prémisses terrifiantes des transformations à venir, *un constat commun semble impossible.* Au sein de nos institutions de recherche, au cœur du syndicalisme, dans les préoccupations des partis politiques se revendiquant pourtant de l'écologie politique, et jusque dans nos activités d'enseignement, les changements climatiques n'engendrent que des déplacements mineurs. Il n'y a ni mobilisation partielle, ni mobilisation totale. Notre propre destin, en somme, nous échappe.

Tout se passe comme si les dérèglements climatiques n'étaient qu'un objet de discours, un réel auquel on ne sait quelle place donner. Même les rapports du GIEC, et celui de l'IPBES [2], bien qu'ils annoncent entre les lignes un gigantesque anthropocide planétaire, sont rédigés avec toutes les précautions possibles pour ne pas effrayer les dirigeants de ce monde : « Les rapports du GIEC sont neutres, pertinents politiquement mais non prescriptifs [3] », insistent ses auteurs. Derrière cette proclamation de neutralité politique se joue en réalité

2. Intergovernmental Science-Policy Platform on Biodiversity and Ecosystem Services (plateforme intergouvernementale scientifique et politique sur la biodiversité et les services écosystémiques).

3. « IPCC reports are neutral, policy-relevant but not policy-prescriptive », site officiel du GIEC, https://www.ipcc.ch/

une neutralisation de la pensée. Comme s'il était impossible, même au nom de la science, de dire la vérité ; comme si l'écart entre nos représentations et le réel était déjà trop abyssal pour être comblé ; comme si, enfin, il ne fallait surtout pas blesser les intérêts privés, ou heurter les consciences du capitalisme mondialisé. Quoi qu'il en soit, ces rapports n'ont jamais fait l'objet d'une réception sérieuse de la part de la communauté scientifique, ni de celle des organisations syndicales et politiques. On ne voit aucune trace de séminaires, de colloques, de travail de veille conséquents. On fait « comme si » on savait. « Comme si » on avait pris la mesure des changements. « Comme si » nos pratiques et nos revendications étaient vraiment à la hauteur des bouleversements à venir – bien qu'un abîme terrifiant sépare les projets portés par les partis politiques et les prédictions du GIEC.

## L'adaptation, mot d'ordre du néolibéralisme

Pourtant, à défaut d'une pensée politique affrontant la réalité des dérèglements climatiques, il est un mot d'ordre qui s'impose comme la nouvelle philosophie de l'histoire. Ce mot qui tend à régir le réel, c'est celui de l'*adaptation.* On le retrouve brandi avec enthousiasme par le « ministre de la Transition écologique et de la Cohésion des territoires », lequel veut « préparer la France à un réchauffement de 4 °C avant la fin du siècle[4] », comme si à + 4 °C de réchauffement, la France pouvait être encore la France. Devant ce nouveau mot d'ordre, qui paraît si sensé, il faut prendre le temps d'interroger sa signification politique. En effet, de quoi l'adaptation est-elle le nom ?

Ce concept, en vérité, est loin d'être neutre. Il draine avec lui tout un inconscient politique, au premier rang duquel celui du *néolibéralisme*.

En effet, l'adaptation, pour un néolibéral, est l'essence même de l'histoire. Le concept a d'abord une origine biologique, celle du darwinisme. Dans la théorie de la « sélection naturelle », en effet, les individus « inadaptés » sont « éliminés », laissant à ceux qui disposent de caractères biologiques « adaptés » à leur environnement la capacité de se reproduire.

Cependant, cette conception darwininienne du vivant, les néolibéraux ne la réservent pas au seul monde animal. Au contraire, ils en font le principe du devenir des sociétés humaines, s'inscrivant de fait dans la lignée du darwinisme social. Dès lors, l'adaptation devient le principe historique par lequel il est possible de rendre compte de la formation de la société et de ses institutions. Ainsi, un objet politique aussi central

---

4. Audrey Garric (avec Rémi Barroux), « Réchauffement climatique : une consultation lancée pour préparer la France à une hausse de 4 °C en 2100 », *Le Monde*, 21 mai 2023.

que le droit n'est pas, à leurs yeux, le résultat d'une volonté politique démocratique et souveraine. Au contraire, comme tout élément de l'organisation politique d'une société, il est le résultat d'une « sélection » des pratiques et des « règles de conduite[5] » inventées par les individus dans l'ordre du marché, de sorte que les façons de faire les moins efficaces ont été « éliminées ». Dans cette perspective, la marche de l'histoire consiste alors à renoncer à un gouvernement planificateur au profit de mécanismes sélectifs du marché – lesquels ne manqueront pas de « perfectionner » la société. Autrement dit, les processus démocratiques sont par essence inefficaces pour décider de l'avenir. Dans la mesure où ils ne procèdent pas d'une « sélection », ils sont nécessairement « inadaptés ». Pour citer directement Friedrich Hayek, philosophe de référence du néolibéralisme : « Toute structure durable [...] est le résultat d'un processus d'évolution sélective, et [...] les plus complexes d'entre ces structures persistent dans l'être en adaptant constamment leur état interne aux changements de leur environnement[6]. » Ainsi, pour un néolibéral, l'évolution biologique et l'évolution des institutions sociales relèvent d'un même principe d'*adaptation* à un environnement changeant – Friedrich Hayek parlant même

5. Friedrich Hayek, *Droit, législation, liberté* (1973), Paris, PuF, coll. « Quadrige », 2013, p. 78.

6. *Ibid.*, p. 887.

d'« évolution culturelle[7] » pour souligner la parenté qui préside aux mécanismes de sélection/élimination dans le vivant et dans la société.

Seulement, à l'aune des dérèglements climatiques, on est en droit de se demander à quoi cette matrice de pensée prépare l'humanité. Qu'implique, en effet, le recours au concept d'adaptation ? Que révèle-t-il de la façon dont les dirigeants politiques actuels, fortement inspirés par la pensée néolibérale, se préparent à cette nouvelle ère climatique ? Que dit-il de l'état de nos démocraties ?

## La confiscation du débat démocratique

En lui-même, *le mot d'ordre de l'adaptation est déjà un artifice rhétorique qui tend à confisquer toute délibération démocratique.* S'il faut s'adapter, comme l'affirme le ministre, c'est qu'il est déjà trop tard ; qu'il est devenu superflu d'engager une réflexion collective sur les moyens que nous sommes prêts à déployer pour éviter le pire ; qu'il est inutile de se mobiliser, pour sauver ce qu'il y a à sauver, pour changer nos comportements et nos modes de vie.

L'adaptation, en effet, c'est le mot d'ordre du néolibéralisme mondial qui considère que la véritable

7. *Ibid.*, p. 909.

souveraineté – c'est-à-dire le pouvoir de décider du destin de l'humanité – appartient aux acteurs privés, aux grandes multinationales qui captent l'énergie carbonée, la dispensent comme une denrée infinie, avec la bénédiction des responsables politiques. Il suffit de lire l'audition de Patrick Pouyané, le P.-D.G. de TotalEnergies, auprès de la commission des Affaires étrangères de l'Assemblée nationale, pour prendre la mesure de la dépossession de la souveraineté politique : « La transition prendra du temps. Je sais bien que l'on me répondra que les experts du climat disent qu'il y a urgence. J'en conviens mais, en même temps, nous voulons vivre et notre capacité à accepter de changer nos comportements, nos vies, nos sociétés n'est pas aussi évidente que cela[8]. » Cette « capacité » qu'évoque Patrick Pouyané, c'est évidemment celle de la souveraineté démocratique bien incapable de contraindre des mastodontes de l'énergie à renoncer à leurs profits. L'« urgence climatique », en moins d'une phrase, est balayée d'un revers de main.

« S'adapter » n'est donc pas une affaire de choix – et encore moins une affaire de délibération collective, ni de démocratie : c'est une « nécessité » puisqu'il est hors de question de discuter d'une quelconque

8. Commission des Affaires étrangères, audition, ouverte à la presse, de M. Patrick Pouyanné, président-directeur général de TotalEnergies, mercredi 9 novembre 2022.

transformation des modes d'organisation de nos sociétés, ni de toucher aux « libertés » de ces « fleurons industriels ». Ceux-ci doivent pouvoir poursuivre sereinement leurs activités jusqu'à la dernière goutte de pétrole monétisable – et tant pis si la planète, elle, n'est plus « adaptée » à l'homme.

Pour les tenants de l'adaptation, donc, la souveraineté politique des peuples n'est qu'une fiction utile pour conserver les illusions démocratiques. *L'adaptation, en définitive, c'est d'abord le mot d'ordre de la confiscation du débat démocratique.*

## Retour du malthusianisme

En vérité, le mot d'ordre de l'adaptation ne se limite pas à confisquer le débat démocratique : il signe le retour d'un inconscient politique dont l'origine remonte aux XIX^e^ et XX^e^ siècles, aux racines des crimes de masse et des idéologies génocidaires.

Il est clair, dès à présent, que le capitalisme mondial se prépare à la résurgence d'une séquence proprement *malthusienne*[9], lorsque l'humanité reviendra aux réalités terrifiantes de toute espèce, dans un ratio apocalyptique entre le nombre d'individus sur terre et l'affaissement des ressources disponibles. À l'extinction massive des

9. Thomas Robert Malthus, *Essai sur le principe de population*, 1798.

espèces animales et végétales succédera alors le déclin inévitable de l'espèce humaine, dans une exacerbation de la concurrence généralisée pour capter les ressources nécessaires à la survie. Cette « concurrence », il ne faut pas l'entendre en un sens proprement économique, mais bien avec toutes ses résonances possibles, au premier rang desquelles le retour du *darwinisme social – c'est-à-dire d'une forme de sélection non pas « naturelle », mais « artificielle », organisée et planifiée par le pouvoir politique.* Celle-ci se profile sous deux registres.

D'une part, une captation et une distribution des ressources énergétiques et vitales à des populations choisies. Dans un contexte malthusien où les ressources disponibles ne couvriront pas les besoins des populations, les individus adaptés seront ceux capables de capter et de s'approprier ces ressources vitales, soit par la force, soit par l'argent, en se réservant des environnements préservés des dérèglements climatiques. Quant aux autres, les « inadaptés », il faudra considérer leur « élimination » comme un processus « naturel » et « nécessaire ».

D'autre part, dans la mesure où les dérèglements climatiques dessinent des températures extrêmes pour lesquelles une grande part de la population mondiale sera par essence « inadaptée », le darwinisme social organise déjà des modalités de « sélection » très spécifiques. La première consiste à développer des moyens techniques susceptibles de bâtir des environnements entièrement artificialisés – de l'agriculture génétiquement modifiée pour résister à des climats infertiles à la création d'espaces de confinement se substituant aux espaces naturels. La seconde consiste à ne pas se contenter d'artificialiser l'environnement, mais à artificialiser le corps humain lui-même. C'est la voie du transhumanisme, à la fois dans sa version biotechnique et cyborg, où les insuffisances du corps sont compensées par des implantations techniques, et dans sa version « génétiquement modifiée », où il ne s'agit plus seulement de compenser les insuffisances naturelles, mais de produire un « moi augmenté ».

C'est à l'aune de cette matrice de pensée que le concept d'adaptation prend sa pleine signification comme le retour d'une *idéologie eugéniste* – celle-ci introduisant des principes de sélection des individus pour « adapter » l'espèce humaine en prétendant l'« améliorer ».

Ainsi, ce qui se trame, derrière le concept d'adaptation, c'est bien le retour d'une nouvelle forme de *biopolitique*[10], c'est-à-dire de contrôle des corps, de la sexualité et de la procréation. L'avènement d'une nouvelle forme de pouvoir ne se contentant pas d'avoir

10. Le concept est de Michel Foucault. Voir le dernier chapitre de son cours *« Il faut défendre la société ». Cours au Collège de France (1975-1976)*, Paris, EHESS/Gallimard/Seuil, 1997.

droit de vie et de mort sur ses sujets, ou même de « faire vivre et de laisser mourir », selon la formule de Michel Foucault, mais de façonner la vie elle-même. L'adaptation, c'est la réintroduction dans le discours politique d'un principe de sélection et d'élimination, et la croyance que c'est là le seul moteur de l'histoire.

*

On l'aura compris, *s'adapter*, c'est faire l'économie du débat, de la délibération collective, de la possibilité de choisir un autre destin ; c'est restreindre ce qu'il est permis de discuter pour protéger les intérêts économiques d'une infime minorité de l'humanité soucieuse de garantir la souveraineté du marché au détriment de la souveraineté des peuples.

*S'adapter*, c'est aussi introduire dans le champ politique un imaginaire imprégné de l'inconscient idéologique du darwinisme social, lequel, dans ses principes, s'acclimate parfaitement aux dogmes du néolibéralisme et de sa concurrence généralisée. L'avènement d'une philosophie de l'histoire sans alternative. En un mot : *la politique s'arrête là où l'adaptation commence.* Dans ces conditions, comment pouvons-nous ne pas nous révolter ? Comment comprendre la résignation collective, l'incapacité à penser, à débattre, à se mobiliser à hauteur des enjeux ? Comment peut-on accepter l'idée que le seul avenir possible se résume au mot d'ordre de l'adaptation ?

## Il n'y a pas encore de génération climatique

À ce stade de l'écriture, il revient aux auteurs de sonder leur âme, et de réfléchir au dialogue qu'ils veulent initier avec le lecteur. Il se trouve que nous appartenons à une génération qui n'a pas encore pris conscience des défis qui l'attendent. Une génération, d'ailleurs, qui ne parvient toujours pas à en être une.

Nous n'observons pas d'inquiétude commune suffisamment puissante pour sentir qu'un autre monde est non seulement possible mais *désiré*. Les initiatives militantes, ou l'activisme, demeurent des ralliements limités à une poignée d'initiés. Et si les icônes, comme Greta Thunberg, peuvent aider à éveiller les consciences, elles demeurent malgré elles les bons clients de la société du spectacle.

Or, une « génération » n'advient que lorsqu'une forme de transcendance vient balayer les différences sociales entre les individus et qu'ils se rejoignent au nom d'un constat partagé pour la défense d'un horizon en commun ; lorsque la jeunesse des villes se reconnaît dans les problématiques vécues par la jeunesse des campagnes et des banlieues, et inversement ; lorsque les drames climatiques qui se déroulent sur les autres continents résonnent comme des drames intimes ; lorsque ceux qui « désertent » les entreprises mortifères du CAC 40 ne sont pas conspués par ceux qui restent, mais provoquent un élan vers un autre monde ; lorsque enfin, une classe d'âge prend conscience qu'il lui revient d'exister politiquement, qu'elle ne peut plus se satisfaire de représentants quels qu'ils soient, et qu'il est temps, enfin, qu'elle prenne la parole en son nom, afin d'engager les rapports de force nécessaires pour conquérir le pouvoir et utiliser les forces dont dispose la société pour façonner un nouveau monde.

*

Comment comprendre ces impasses politiques ?

L'ambition de ce livre est multiple.

En tout premier lieu, nous voulons pointer un impensé de l'action politique, à savoir que l'impuissance démocratique dans laquelle nous nous trouvons pour initier une transformation de la société trouve son origine dans les modes d'organisation du travail. En effet, la prétendue lutte contre les dérèglements climatiques se fait sans mobiliser massivement le monde du travail ; sans analyser l'impact des nouvelles formes d'organisation du travail sur les fonctionnements démocratiques ; sans réorganiser les rapports de force dans l'entreprise. Pourtant, nous sommes convaincus que nous ne retrouverons un sentiment de souveraineté politique qu'en redéfinissant les rapports de force au sein des entreprises, c'est-à-dire en accordant aux travailleurs les moyens d'opposer des orientations éthiques à la seule logique du profit économique. Autrement dit, en posant les fondations pour une véritable *démocratie du travail*.

Deuxièmement, il nous semble impossible d'initier une transformation de nos sociétés sans investir un *nouvel imaginaire politique*. Pour changer de monde, il faut être capable non seulement d'en penser de nouveaux, mais surtout, de les imaginer. Or, jusqu'à présent, l'imaginaire politique mondial est massivement dominé par l'exploration des problématiques d'adaptation, c'est-à-dire par un imaginaire au service de la pensée néolibérale. Un travail critique s'impose pour révéler comment, à travers cet imaginaire idéologique, se dessine un monde à leur image. À l'inverse, il est indispensable de renouer avec une forme d'imaginaire politique susceptible de répondre à des ambitions climatiques à travers le renouveau de *la pensée utopiste*. Comme on le montrera, il est nécessaire de restaurer une *dialectique entre le réel et l'imaginaire* pour sortir des impasses climatiques. Autrement dit, ce qui ne peut être pensé doit être imaginé.

Enfin, nous sommes convaincus que la *démocratie du travail* doit s'élaborer simultanément avec une *démocratie du vivant*. L'enjeu est ainsi de poser les prémisses d'une nouvelle pensée politique soucieuse des équilibres – ce que nous nommons une *isopolitique*. À travers elle, il s'agira de repenser le conflit entre *écologie* et *économie*

– ces deux *oïkos* (éco-) qui s'excluent mutuellement – pour dessiner la trame d'une nouvelle forme de gouvernement auquel participerait le vivant.

En interrogeant les raisons de l'inaction climatique, notre ambition est d'identifier les leviers à actionner pour qu'une « génération climatique » advienne pleinement. Alors, répétons à nouveau l'énigme qui nous anime : pourquoi ne se passe-t-il rien, ou si peu, au regard de la catastrophe annoncée ?

# PARTIE I

# Les combats climatiques commencent avec la démocratie du travail

Dans une célèbre école d'ingénieurs au cœur de Paris, lors de la cérémonie des vœux de la direction qui réunit tous les enseignants-chercheurs de cette prestigieuse institution, le directeur s'avance, confiant, à la tribune. Dans un discours qui dresse le bilan et les perspectives de l'école, il consacre sa conclusion à louer la « jeunesse de cette école », en la présentant comme une « jeunesse qui ne démissionne pas » ; une jeunesse qui « maintient ses engagements » ; une jeunesse qui « fait honneur à l'école » en ne « désertant pas ».

La référence aux étudiants de l'école AgroParisTech [1] qui, lors de la remise de leur diplôme, avaient

1. L'institut national des sciences et industries du vivant et de l'environnement, école d'ingénieurs.

courageusement appelé à « déserter[2] » les métiers et les grandes entreprises participant à la « destruction de la planète », est explicite. Dans « *son* » école, au contraire, les ingénieurs continuent de « s'engager » – ce qu'il faut entendre, selon sa rhétorique, comme le fait qu'ils continuent fièrement de rejoindre l'armée des serviteurs zélés du capitalisme mondialisé. Devant ce parterre de scientifiques, d'enseignants et de chercheurs, tous conscients de former les élites « techniques » de la mondialisation à l'ère du réchauffement climatique, on aurait pu s'attendre à ce qu'une parole critique s'élève. Du moins, on aurait pu espérer entendre quelques remous de désapprobation. Au nom de l'éthique. Au nom d'un certain humanisme dont la conscience scientifique serait toujours le dépositaire. Au nom de la contradiction qu'il y a à former la fine fleur de la jeunesse mathématique, avec son lot d'espoirs pour le monde, afin qu'elle collabore avec les forces les plus vénales et les plus cyniques de notre époque.

On se tourne alors vers les chefs de laboratoire, les « pontes », les « mandarins », pour guetter leurs réactions. Ils sont tous là, assis à nos côtés, aux endroits stratégiques pour être en évidence. Une réunion annuelle, c'est un théâtre de l'âge classique, on y vient autant pour scruter ses concurrents que pour être vu, la disposition

2. Mathilde Gérard, « Des étudiants d'AgroParisTech appellent à "déserter" des emplois destructeurs », *Le Monde*, 12 mai 2022.

de chacun dans l'espace traduisant l'ordonnancement des règles hiérarchiques. On se dit alors qu'avec leur assise institutionnelle et leur pedigree, leurs titres, leurs médailles de recherche et leurs responsabilités, ils ont toute l'autorité requise pour porter les enjeux liés au changement climatique. N'ont-ils pas lu, comme nous, dans les rapports du GIEC, la fonte accélérée du pergélisol, le ralentissement du Gulf Stream et l'extinction de masse qui guette l'ensemble du vivant ? N'ont-ils pas à cœur, en tant qu'héritiers de la raison scientifique, de faire triompher la vérité, de ne pas laisser le mensonge s'institutionnaliser ? D'autant qu'avec leur culture scientifique, ils sont peut-être les citoyens les plus clairvoyants sur les catastrophes à venir.

Évidemment, il n'en est rien. Les visages restent de marbre. Ça *scrolle* un peu sur son smartphone comme des adolescents qui se réfugient dans le virtuel. Pas même une critique tardive, au coin de la machine à café ou devant le buffet. Juste le silence d'une communauté de savants enferrée dans le déni. Comme chaque année.

On raconte[3] que Daladier se serait exclamé devant la foule qui le célébrait après la signature des accords de Munich en 1938 : « Les cons ! » Pour notre part, quand on a 35 ans en 2023, et qu'on côtoie des savants

3. Jean-Paul Sartre, *Le Sursis*, Paris, Gallimard, 1945.

expérimentés qui s'écrasent et cautionnent la rhétorique du déni, on ne peut s'empêcher de s'insurger en soi-même : « Les lâches ! »

*

Cette scène, nous la connaissons bien. Nous la revivons au sein de nos laboratoires de recherche, auprès de nos équipes d'enseignants, dans nos réunions syndicales – et même, dans les sections politiques que nous fréquentons. La même incapacité à s'insurger ; la même résignation des professionnels ; le même silence.

Dans un monde guidé par la raison, des scientifiques chevronnés conscients des risques pour la survie d'une partie de l'humanité auraient depuis longtemps arrêté la machine infernale. Une chercheuse ou un chercheur aurait interrompu le verbiage idéologique de la direction. Cette personne, auréolée de son éthique professionnelle, aurait noté, au nom de la science, le décalage incommensurable entre la rhétorique portée par « l'École » et la réalité terrifiante des changements climatiques qui nous attendent. Puis elle se serait tournée vers ses collègues, qu'elle aurait légitimement interpellés, en leur posant les questions qui auraient déjà dû surgir il y a vingt ans : doit-on continuer à former, dans cette vénérable institution, des ingénieurs ultra-performants qui rejoindront les grands groupes pétroliers et industriels responsables de la destruction de la planète ? N'est-il pas temps de repenser le sens profond de nos activités de recherche, de nos enseignements et d'engager une transformation de nos contenus et de nos pratiques ? Après quoi, elle aurait engagé la communauté scientifique à sortir de son aveuglement systématique en remettant les valeurs de la science au cœur des différentes pratiques professionnelles. Et dans ce monde guidé par le sens des responsabilités, devant ce parterre de bac + 8 minimum, le reste des collègues, enfin heureux de voir une brèche intellectuelle s'ouvrir, s'en seraient saisi pour initier l'aventure collective qui nous attend.

Mais ce scénario semble désormais impossible. Partout, en effet, on laisse aux différentes langues managériales, stratégiques et idéologiques le soin d'aligner leurs éléments de langage – avec, en tête de gondole des mots d'ordre, le mantra néolibéral de *l'adaptation*.

Le constat est donc le suivant : le travail de prise en compte des changements climatiques à venir n'a toujours pas commencé ; les travailleurs ne pensent plus collectivement ; et, par ricochet, c'est tout le corps démocratique qui s'abandonne au destin néolibéral de *l'adaptation*.

Comme si les rapports du GIEC parlaient d'un autre monde et qu'aucune des prédictions annoncées ne nous concernait directement. Comme si, malgré les premiers signes tangibles d'un basculement irréversible des repères climatiques, on pouvait s'économiser de penser tant qu'on n'est pas à l'article de la mort – c'est-à-dire au moment où il est clairement trop tard.

C'est là une énigme qui nous interpelle : pourquoi les professionnels de métier, à l'instar des chercheurs, ne parviennent-ils plus à engager la controverse, à débattre, à ouvrir un espace de pensée ? Pourquoi les forces démocratiques institutionnelles (la recherche, l'Université) ou politiques (les partis, les syndicats) sont-elles incapables d'initier un chemin de transformation de la société à la hauteur des enjeux ? À quel moment, en effet, les travailleurs ont-ils cessé définitivement d'être des citoyens ?

# Chapitre 1

## L'organisation du travail, nouveau cheval de Troie de la domination

De quel ordre sont les questions climatiques ?

La pensée politique aujourd'hui s'en tient volontairement à une approche *économique* de la question – soit en maintenant le primat de la « croissance » au détriment de la transition énergétique ; soit, en élaborant d'étranges mécanismes prétendument régulateurs, comme la création d'un droit à polluer [1]. Il s'agit, dans cette perspective, de transformer la lutte contre le dérèglement climatique en marché, et les émissions de $CO_2$ en marchandise. Pour citer un chantre du néolibéralisme dont l'opinion est massivement partagée, Milton Friedman : « Peu d'évolutions pourraient miner aussi profondément les fondations mêmes de notre société libre que l'acceptation par les dirigeants d'entreprise d'une responsabilité sociale autre que celle de faire le

1. Guillaume Delacroix, Emmanuelle Picaud et Luc Martinon, « Comment les entreprises polluantes ont transformé les quotas gratuits de $CO_2$ en un marché de plusieurs milliards d'euros », *Le Monde*, 30 mai 2023.

plus d'argent possible pour leurs actionnaires[2]. » Il en ira donc ainsi jusqu'à la dernière goutte de pétrole disponible.

Ce que refuse de penser le paradigme économique, c'est précisément la dimension *éthique* des questions climatiques. Celles-ci exigent pourtant de considérer qu'il existe des enjeux supérieurs aux intérêts économiques pour préserver le destin du vivant, de la démocratie et de la culture. Par conséquent, les dérèglements climatiques réactivent ce vieux conflit qui traverse la pensée politique depuis des siècles – depuis la *Fable des abeilles* (1714) de Mandeville et l'émergence de la querelle du luxe –, à savoir celui qui oppose l'*éthique* et l'*économique*. Mais contrairement à ce que prône Milton Friedman, c'est bien au cœur de l'appareil productif que ce conflit doit surgir : la responsabilité des entreprises doit s'étendre aux questions environnementales.

Or, les gouvernements prétendent vouloir « agir » et « limiter » le réchauffement à « 1,5 °C » (*sic*!) sans modifier le fonctionnement des entreprises – comme si on pouvait assumer une « transition énergétique et écologique » sans ceux qui sont censés l'accomplir. Ils veulent « transformer l'appareil productif » sans transformer les rapports entre les travailleurs et les directions – c'est-à-dire sans modifier les rapports entre le travail

2. Milton Friedman, *Capitalisme et liberté* (1962), Paris, Flammarion, 2016, p. 17.

et le capital. Autrement dit, ils ne mobilisent pas les principaux acteurs qui se trouvent au cœur de cette transition décisive – à savoir, les travailleurs eux-mêmes.

Pourtant, de quoi témoignent aujourd'hui ces derniers, lorsqu'ils ont le courage et la possibilité de le faire ? Précisément du fait qu'ils ne parviennent plus à discuter collectivement des questions *éthiques* qui se posent dans leur champ professionnel. Il n'existe plus d'espaces collectifs où il est possible de décrire les situations, de nommer les mauvaises pratiques et de tenter collectivement d'inventer des règles et des solutions pour travailler autrement. Dans les situations les plus dégradées, ils vont jusqu'à dénoncer parfois publiquement les conséquences des nouvelles formes d'organisation du travail dont les prescriptions bafouent l'idéal des métiers et l'éthique collective. Disons-le sans détour : il n'existe pas de responsabilité environnementale des entreprises et il n'y en aura pas, tant que l'organisation du travail sera exclusivement aux mains de directions exclusivement soucieuses de réaliser des profits. Et ce n'est pas ces machines de guerre de la communication qui suffiront à nous faire croire que le *greenwashing* correspond à une vague réalité.

Ainsi, si les travailleurs des grands groupes pétroliers et des grandes industries taisent consciencieusement les actes de pollution et les mensonges de leurs entreprises, nous pouvons néanmoins appréhender la réalité des situations de travail à partir de ceux qui témoignent publiquement des conséquences des nouvelles formes d'organisation du travail. C'est peut-être là une distinction majeure entre le secteur privé et le service public : les agents du service public ont encore le courage de dénoncer les ravages de l'organisation du travail.

Or, tous ces professionnels font état d'une contradiction entre les prescriptions de l'organisation du travail et l'éthique de métier. En voici quelques exemples :

– *Dans la justice.* En novembre 2021, à la suite du suicide d'une juge de 29 ans, un collectif de juges, de substituts et de greffiers signe une tribune[3] – ils seront 6 000 professionnels de la justice à la signer – dans laquelle ils dénoncent la « politique du chiffre » menée par le ministère de la Justice. Ils rendent compte de ce qu'est devenue leur activité, cette taylorisation de leurs métiers qui consiste à diviser leur travail en tâches prescrites à accomplir en un temps chronométré ; cette organisation qui contraint les juges aux affaires familiales à traiter des dossiers de divorce en quelques minutes, « sans avoir le temps de donner la parole aux couples » ; ces « objectifs chiffrés » qui font que les juges des enfants renouvellent des mesures de suivi éducatif « sans voir les familles » ; ces prescriptions qui poussent les substituts du procureur

3. « L'appel de 3 000 magistrats et d'une centaine de greffiers : "Nous ne voulons plus d'une justice qui n'écoute pas et qui chronomètre tout" », *Le Monde*, 23 novembre 2021.

à classer sans suite des procédures sur la base d'un compte rendu téléphonique ou électronique, « sans avoir le temps de les lire intégralement ».

– *Dans le secteur de la santé.* De la même manière, en octobre 2023, c'est une tribune[4] rédigée par des aides-soignants, des infirmiers, des médecins hospitaliers et des sages-femmes qui vient raconter une histoire similaire : la fermeture de 80 000 lits d'hôpitaux entre 2003 et 2019 ; l'institutionnalisation d'une procédure de « tri » : au 115, aux urgences, dans les services ; les prescriptions des gestionnaires qui veulent renvoyer au plus vite les patients chez eux, malgré la nécessité des soins, en les appelant cyniquement des « bloqueurs de lits » quand ils refusent de partir.

– *Dans la recherche.* Là encore, la mise en concurrence des chercheurs sur des critères de publiométrie – publier un maximum d'articles dans un maximum de revues scientifiques de référence – n'a pas non plus laissé les professionnels indemnes. La *fraude* s'y est institutionnalisée comme ailleurs. Devenue systématique, elle constitue désormais un pan de recherche à part entière, comme en témoigne le site d'information *Retraction Watch*[5], spécialisé dans la dénonciation des fraudes

4. « L'appel de 1 200 soignants : "Nous n'avons pas choisi ce métier pour vous faire subir cette violence et être maltraitants" », *Le Monde*, 5 octobre 2023.

5. https:/retractionwatch.com/

scientifiques : « Les deux tiers des rétractations concernent des inconduites scientifiques, dont les plus graves sont les falsifications de données (qui rendent le résultat meilleur qu'il ne l'est), la fabrication (invention) de données et le plagiat[6]. » Dans de nombreux cas, le processus d'évaluation par les pairs – le *peer review* – est lui aussi compromis – les auteurs des articles incriminés suggérant à l'éditeur des noms de relecteurs avec « de fausses adresses qui renvoient à des comptes e-mail de chercheurs amis, ou peut-être à leurs propres comptes ».

Le constat est donc le suivant : la crise de l'éthique professionnelle que connaissent les travailleurs trouve son origine dans les nouvelles formes d'organisation du travail. Celles-ci ne se contentent pas de privilégier l'économique au détriment de l'éthique, mais elles prescrivent des tâches contraires à toute déontologie professionnelle.

L'inaction climatique commence donc là : lorsque l'organisation du travail parvient à faire disparaître tous les espaces de pensée collective pour isoler les salariés ; lorsque les problématiques éthiques ne peuvent plus être discutées, pensées, interrogées par les travailleurs et que les questions climatiques sont évincées de la réflexion collective ; lorsque, enfin, le conflit entre l'éthique et

6. David Larousserie, « Les inconduites scientifiques sont bien plus communes qu'on veut bien l'admettre », *Le Monde*, 8 juillet 2023.

l'économique rend impossible l'émergence des problématiques climatiques au sein de l'activité professionnelle.

## S'arrêter de penser

Nous devons à Christophe Dejours, psychiatre, psychanalyste et clinicien du travail, d'avoir mis en évidence cette articulation structurelle entre les formes d'organisation du travail et la crise démocratique que nous traversons.

En effet, cette question de l'éthique professionnelle ne se limite pas au champ du travail : elle s'étend à l'ensemble de la société et à ses fonctionnements démocratiques. C'est là un lien complexe à saisir, mais qui éclaire sous un nouveau jour les raisons pour lesquelles les questions climatiques ne parviennent à pénétrer ni les sphères professionnelles ni la sphère publique de la démocratie.

Tout d'abord, comme en témoigne Christophe Dejours à partir de sa clinique, les travailleurs contraints d'accomplir des actes qu'ils réprouvent moralement, en raison des prescriptions de l'organisation du travail, sont sujets à une « *souffrance éthique*[7] » à l'origine de nombreuses pathologies[8] (dépression, décompensations,

---

7. Christophe Dejours, *Ce qu'il y a de meilleur en nous*, Paris, Payot, 2021, p. 50.

8. Isabelle Gernet, *Psychopathologie du travail*, Paris, Elsevier Masson, 2016.

clivage, etc.). Par ces actes, en effet, les travailleuses et les travailleurs « trahissent les règles de métiers, la déontologie, et en fin compte, ils se trahissent eux-mêmes[9] ». C'est le juge qui doit juger non plus « de façon aveugle », mais « à l'aveugle », sans connaître les dossiers ; c'est le soignant qui maltraite un patient au lieu de le soigner ; c'est le chercheur qui falsifie consciemment ses résultats pour obtenir des financements au lieu de défendre l'intégrité scientifique. Or, confrontés à la souffrance, comme le souligne le clinicien, soit les individus tombent malades, soit ils développent ce que le clinicien désigne comme des « *défenses* ». La souffrance éthique, en effet, est insupportable. Il s'agit donc, à travers ces défenses, de contenir la souffrance, de l'atténuer – afin d'en diminuer l'intensité ou d'en atténuer la perception.

Parmi les nombreuses formes que peuvent prendre ces défenses identifiées par la psychodynamique du travail, discipline inventée par Christophe Dejours, l'une d'elles consiste précisément « à ne pas penser[10] », « à arrêter de penser pour arrêter la souffrance et l'angoisse qu'implique la conscience claire de la situation ». Lorsque les questions éthiques ne peuvent plus être discutées et prises en charge par la

---

9. Christophe Dejours, *Ce qu'il y a de meilleur en nous*, *op. cit.*, p. 69.

10. Christophe Dejours, *Travail vivant 2, Travail et émancipation*, Paris, Payot, 2013, p. 61.

communauté de travail, et que les prescriptions de l'organisation du travail contraignent le travailleur à accomplir des actes qu'il réprouve moralement, ce dernier, *pour se défendre, restreint le champ de sa pensée.* Christophe Dejours désigne ce procédé défensif sous le nom d'« *acrasie*[11] » – terme qui renvoie, dans la philosophie antique, à la faiblesse de la volonté, à l'incontinence du sujet incapable d'être maître de ses choix. D'un point de vue clinique, l'*acrasie* se manifeste à travers une activité fantasmatique entravée, un jugement critique en berne, un esprit d'investigation volontairement restreint. C'est l'ingénieur dans un groupe énergétique qui prétend simplement « se conformer aux ordres » et « faire son métier, un point c'est tout » ; c'est le technicien d'une plateforme pétrolière qui « ne veut pas savoir » si le projet auquel il collabore est celui d'une nouvelle bombe carbone, et qui met en scène sa prétendue incompétence : « Moi, toutes ces questions climatiques, ça me dépasse » ; c'est l'employé du bureau des statistiques, enfin, auquel il revient la charge de falsifier les évaluations d'émissions de carbone et qui s'en tient à des formules toutes faites, reprenant les éléments de langage du « dircom » sur le « réalisme économique » et la « nécessité » de tricher. Il s'agit, pour le travailleur, de se défendre contre le conflit

11. Christophe Dejours, *Ce qu'il y a de meilleur en nous*, *op. cit.*, p. 89.

moral qui résulterait d'une réflexion sur les conséquences de ses actes. Par le recours à l'*acrasie*, non seulement le travailleur parvient à esquiver toute forme de conflictualité psychique qui le rendrait moins opérationnel, mais surtout, il peut espérer ne plus se reconnaître comme le véritable auteur de ses actes. L'*acrasie*, comme « paralysie de la pensée[12] », permet au travailleur de se considérer uniquement comme un exécutant. Il peut collaborer au « travail du Mal », sans s'en reconnaître comme l'auteur. D'où le recours à des formules rhétoriques préconçues, ou à une forme de rationalisation de sa participation à des actions qu'il réprouve moralement, en arguant du fait que « de toute façon, d'autres prendraient sa place ».

Si le travailleur se mettait à penser, en effet, s'il se mettait à interroger la valeur morale des prescriptions, de leurs incidences sociales, politiques, environnementales, il risquerait alors d'être pris dans des conflits psychiques tels que l'intégrité de son identité s'en trouverait menacée. Il ne serait plus seulement un ingénieur, un technicien ou un employé au service de n'importe quelle société, mais bien un collaborateur zélé au service du plus grand anthropocide jamais accompli. Cela lui serait insupportable. Comment accepter, en effet,

12. *Ibid.*, p. 65.

d'accomplir des actes que l'on réprouve moralement et qui vont à l'encontre de notre idéal de métier, sans risquer de ne plus se reconnaître soi-même ?

## Travail en crise, crise de la démocratie

C'est là, précisément, que la psychodynamique du travail nous livre un apport décisif pour comprendre l'inaction climatique qui frappe nos démocraties.

En effet, les défenses que déploient les travailleurs pour tenir les objectifs et les prescriptions imposées ne se limitent pas à la sphère du travail. La séparation travail/hors travail est une conceptualisation fictive du point de vue de la clinique. Pour le clinicien, le travailleur maintient ses défenses même dans le cadre privé. Disons, pour faire simple, qu'il les emporte avec lui à la maison : « Ce fonctionnement psychique induit par les défenses, où le pouvoir d'idéation est plus ou moins gravement ankylosé par la stratégie de défense a également ses conséquences sur les relations dans l'espace privé. Le manque de souplesse psychique et affective, l'intolérance, voire l'inaptitude à la fantaisie peuvent grever l'économie des relations amoureuses et érotiques, et avoir des incidences sérieuses sur le développement psychoaffectif de l'enfant[13]. » Ce à quoi il faut ajouter : ces défenses portent aussi préjudice au fonctionnement

13. *Ibid.*, p. 63.

psychique du citoyen. Dans la mesure où le travailleur, pour tenir les cadences, les objectifs et les prescriptions, est contraint de réprimer sa pensée autant au travail que dans la sphère privée, cet état psychique se prolonge aussi dans la sphère citoyenne et politique. Dès lors, à partir de la psychodynamique du travail, on comprend mieux comment la crise du travail s'articule à la crise démocratique : ce que le travailleur s'interdit de penser dans le champ du travail, il ne peut pas non plus le penser dans le champ politique – et inversement. En effet, le travailleur qui se mettrait à penser dans le champ politique, prendrait alors le risque de voir ses défenses professionnelles être déstabilisées. Les questions climatiques, pour le dire sans détour, sont ainsi obstruées par ces défenses. Elles ne peuvent même pas être discutées. C'est pour cette raison que Christophe Dejours parle de « centralité du travail », comme du paradigme à partir duquel la vie privée et l'existence politique du sujet doivent être appréhendées.

## Les questions climatiques n'ont pas droit de cité

Le conflit entre la figure du travailleur et celle du citoyen n'est pas une nouveauté historique. Mais à la lumière de la psychodynamique du travail apparaissent des liens jusqu'ici invisibles : d'une part, l'articulation fondamentale entre le destin des démocraties et celui de l'organisation du travail ; d'autre part, le rôle que jouent les défenses psychiques des travailleurs dans la possibilité de penser ou d'échouer à penser les questions éthiques qui traversent le travail et la cité.

En ce sens, la psychodynamique du travail permet de saisir la portée de l'organisation du travail : celle-ci ne se limite pas aux aspects productifs du travail, mais elle accomplit une véritable *anthropologie politique*. Le travailleur qui se retrouve empêché de penser, contraint de réprimer son activité psychique pour satisfaire les objectifs fixés, est aussi un citoyen qui s'interdit d'interroger son destin politique.

Dès lors, en réprimant l'éthique au profit de l'économique, les nouvelles formes d'organisation du travail excluent d'un même coup les problématiques climatiques du champ d'interrogation des travailleurs et des citoyens. L'*acrasie* dégrade en premier lieu la capacité de penser les questions éthiques.

Comment sortir alors de cette inaction climatique ? Comment mobiliser les travailleurs dans ce mouvement de réflexion et de transformation écologiques de leurs métiers et de leurs activités ?

# Chapitre 2

# L'éthique professionnelle en crise

Si les nouvelles formes d'organisation du travail – celles inaugurées avec le tournant néolibéral – jouent un rôle décisif dans l'empêchement qu'éprouvent les travailleurs à s'emparer des questions climatiques ; si, au-delà du travail, elles impactent la démocratie elle-même ; alors, pour que les questions climatiques soient collectivement portées, une modification de l'organisation du travail s'avère indispensable. Il s'agit ainsi d'identifier : d'une part, comment ces organisations du travail ont remplacé le principe de subordination au fondement du droit du travail par une domination accrue des travailleurs ; d'autre part, de comprendre quels leviers permettraient aux travailleurs d'intégrer les questions climatiques dans le cadre des déontologies professionnelles et dans le débat démocratique.

## L'organisation du travail a déjà une (longue) histoire

L'organisation du travail a une histoire méconnue. Certains grands noms, comme ceux de Frederick Taylor ou de Taiichi Ōno, les pères respectifs du taylorisme et du toyotisme, ou encore ceux d'Henri Fayol, d'Elton Mayo et de Peter Drucker, penseurs inauguraux du management, ont parfois dépassé le cercle des initiés. Pour autant, alors que le travail a fait l'objet d'investissements théoriques et expérimentaux considérables à l'ère du capitalisme, il ne constitue pas un champ de réflexion dominant de la pensée politique – comme s'il n'était pas un objet de référence à investiguer pour penser les questions de domination et d'émancipation.

Or, un espace de travail, une organisation du travail, ne relèvent pas d'une « génération spontanée », ou d'une sédimentation historique des pratiques en un lieu donné. Ils sont des « objets carrefours », à la croisée de l'ergonomie, de la psychologie sociale et cognitive, du management, des théories groupales et de développement personnel, de la robotique, etc. Ils sont aussi les fruits d'une longue expérimentation, des usines de la Bethlehem Steel Corporation où Frederick Taylor mit en place ses « principes de l'organisation scientifique des usines [1] » à la Western Electric Company où Elton Mayo et les chercheurs de l'université d'Harvard [2] découvrirent

1. Frederic Winslow Taylor, *Principes d'organisation scientifique des usines*, Paris, Dunod et Pinat, 1911.

2. François Geoffroy, « Existe-t-il un effet Hawthorne ? », *Annales des Mines*, vol. 135, mars 2019, p. 42-52.

l'incidence de l'attention portée à des ouvrières sur la productivité.

Cette méconnaissance de l'histoire de l'organisation du travail fait qu'aujourd'hui, la pensée politique manque d'identifier son rôle dans la crise démocratique que nous traversons et que les changements climatiques révèlent au grand jour. Or, que s'est-il passé ces trente dernières années dans le champ de l'organisation du travail ? D'où vient le fait que les magistrats, les soignants, les enseignants, les chercheurs – ceux qui ont encore le courage de dénoncer publiquement les contradictions entre les prescriptions qu'on leur impose et leur idéal éthique de métier – rencontrent les mêmes difficultés ?

## Le tournant gestionnaire et ses conséquences

La réponse, nous la devons encore une fois aux analyses de la psychodynamique du travail, et notamment à la mise en évidence par celle-ci du rôle qu'a joué le « tournant gestionnaire » dans l'introduction de nouvelles formes de domination.

Ce tournant, comme le précise Christophe Dejours, a consisté en « l'introduction de l'évaluation individuelle des performances[3] ». Cette méthode d'organisation du travail prétend ainsi « évaluer quantitativement le travail

---

3. Christophe Dejours, *La Panne*, Paris, Bayard, 2012, p. 20.

de chaque individu afin de le rendre comparable à celui des autres salariés, par la mesure des résultats[4] ». En prétendant « mesurer » l'activité individuelle, le tournant gestionnaire a sciemment exacerbé la compétition entre travailleurs : « L'évaluation individualisée des performances a généré une concurrence entre services et entre salariés qui ne ressemble en rien à une "saine émulation". Lorsqu'en effet cette évaluation décide des rémunérations et, pire encore, des licenciements, mutations ou mises au placard éventuels, le climat se dégrade entre des concurrents réduits à la méfiance et à la solitude qui en découle[5]. » C'est ainsi qu'ont surgi les conduites déloyales, le « chacun pour soi », la lâcheté : en un mot, la ruine de l'éthique et celle des collectifs de travail. C'est aussi par l'introduction de ces méthodes que les travailleurs en viennent à accepter le *mensonge* comme un pilier de l'organisation du travail. Là où le *benchmarking* et le *ranking* produisent en permanence des indicateurs chiffrés supposés évaluer les performances de l'entreprise, des services, des départements et des collègues, le mensonge est élevé au rang de « prescription explicite[6] ». Dans les plateformes téléphoniques, ainsi que le montre Duarte Rolo dans son

4. *Ibid.*, p. 20.

5. *Ibid.*, p. 22.

6. Duarte Rolo, *Mentir au travail*, Paris, PuF, 2015, p. 8.

ouvrage *Mentir au travail*, les opérateurs sont contraints « d'omettre des informations au client pour faciliter les ventes, de souscrire des options payantes dans les dossiers informatiques à son insu, de forcer le placement de produits ou de services dont on sait à l'avance qu'ils n'auront aucune utilité pour le client en question, ou de détourner l'usage des gestes commerciaux[7] ». Ainsi, le tournant gestionnaire n'est pas une simple transformation de l'organisation du travail : il signe l'avènement de nouvelles formes de domination où l'éthique professionnelle est bafouée, de sorte que les questions climatiques demeurent impensables dans le champ du travail.

## La destruction des règles de métier

Qu'a donc accompli le tournant gestionnaire par sa prétendue « mathématisation » du travail ? Qu'est-il venu déstabiliser dans l'élaboration collective des déontologies professionnelles ?

Ce qu'a montré la clinique du travail, avant le tournant gestionnaire, c'est que le travail « ne se résume pas à produire, mais à vivre ensemble[8] ». Le travail est par essence une activité sociale, et son résultat n'est jamais l'œuvre d'individus isolés – n'en déplaise aux partisans

7. *Ibid.*, p. 8.

8. Christophe Dejours, *Travail vivant 2, op. cit.*, p. 88.

de l'évaluation individualisée des performances – mais procède d'une « œuvre commune ». Il est ainsi fondamental au service de la culture. Ce « commun », contrairement aux idées reçues, ne se limite pas aux productions fabriquées par l'entreprise, ou aux services rendus, mais concerne l'inscription du travailleur dans un « collectif de travail ». Travailler, en effet, c'est s'inscrire dans une histoire des pratiques, dans une culture de travail, dans un groupe humain qui s'organise autour d'une mémoire collective. Or, ce qui unit le collectif, ce qui fait que ses membres se reconnaissent comme appartenant à une communauté de travail, c'est la recherche en commun de « *règles de travail* » et de « *règles de métier*[9] », lesquelles forment des « accords normatifs » concernant les façons d'organiser et d'accomplir le travail. Ainsi, tout collectif de travail est confronté à des problèmes éthiques qu'il tend à résoudre collectivement. Dans un service de réanimation, par exemple, les règles de réanimation font l'objet d'un questionnement collectif permanent : faut-il réanimer des personnes malades en phase terminale ? Comment arbitrer entre prolonger artificiellement la vie d'un patient dans le coma et les prélèvements d'organes pour des greffes de patients en attente ? À l'Université, faut-il systématiquement vérifier le risque de plagiat pour les mémoires et les thèses ? Dans une entreprise

9. *Ibid.*, p. 85.

pétrolière ou industrielle, peut-on continuer de produire et de consommer des énergies carbonées ?

C'est là que la *démocratie du travail* – c'est-à-dire l'édification collective, par les travailleurs, de règles de métier – se révèle être la condition de toute *déontologie professionnelle.* Car l'élaboration des règles de métier, en effet, ne porte pas seulement sur les questions *techniques* propres à l'activité, mais aussi sur *l'éthique* fondamentale du métier. Ce qui se discute au sein des collectifs de travail, ce ne sont pas seulement les manières de procéder et les modes opératoires : c'est le sens de ce qu'on fait, la dimension morale et politique de l'activité. Autrement dit : ces assemblées du travail affrontent ce que le pouvoir gestionnaire veut étouffer, à savoir une discussion sur la portée politique de l'activité.

Dans les hôpitaux, si l'on se met à respecter les prescriptions des gestionnaires en termes de *turnover* des patients, cela signifie qu'on renvoie chez eux des patients qui ont encore besoin de soins et que l'on en maintient d'autres à l'hôpital, arbitrairement, pour satisfaire des objectifs de remplissage. Dans la recherche, si l'on ne tient compte que des éléments de publiométrie, du nombre de citations de chaque article et des budgets qui en découleront, on se retrouve, comme le laboratoire de Didier Raoult [10], avec une

10. Complément d'enquête, « Didier Raoult, le savant flou », *France 2*, 17 novembre 2022.

falsification massive des résultats, des expérimentations frauduleuses et une renommée internationale fondée sur le mensonge. Les changements climatiques, par les conséquences qu'ils induisent, devraient déjà être au cœur des réflexions professionnelles : doit-on poursuivre, en tant qu'agriculteurs, la production de variétés surconsommatrices d'eau ? Faut-il dénoncer les pratiques polluantes d'une entreprise, lorsque l'on est salarié d'un groupe pétrolier ou industriel ? Faut-il continuer à dispenser de la même manière les enseignements qui servent à former les ingénieurs de demain ?

La *déontologie*, pour fonctionner, doit être *vivante*, c'est-à-dire débattue par les professionnels en référence aux réalités du travail. Elle est la conscience morale qui se tient aux côtés de la conscience professionnelle. C'est à cette condition que le travailleur ne cesse jamais d'être un citoyen. À cette condition que la déontologie protège la démocratie.

## Démocratie du travail et démocratie dans la cité

Comment s'articule alors la démocratie du travail à la démocratie en général ?

À la lumière des analyses de la psychodynamique du travail, on saisit à quel point le travail est au fondement de l'association politique. En partageant un même réel du travail, et en mettant en commun leurs idées et leurs trouvailles pour surmonter les imprévus auxquels ils doivent faire face, les travailleurs ouvrent la voie à la constitution d'un *collectif*. Ce collectif de travail est ainsi une sorte de *démos miniature*, la constitution d'une *unité politique* qui peut se reconnaître comme telle parce qu'elle partage à la fois une épreuve commune du réel, et des règles dont chacun se reconnaît comme en étant partiellement l'auteur. Autrement dit, le travail est créateur de *liens*. Il donne aux individualités disparates une identité commune. Il fonde ainsi une possibilité de *renverser la conflictualité inhérente à toute association politique en coopération* : « Toute règle de travail traite simultanément le rapport au réel du travail et le vivre ensemble. Toute règle de travail est à la fois une règle technique et une règle de savoir-vivre[11]. » Ainsi, la dimension démocratique du travail surgit dès lors que les professionnels n'esquivent pas les enjeux éthiques de leurs activités ; dès lors qu'ils recréent des *agoras du travail* où chacun peut oser nommer le réel et engager les membres du collectif à élaborer des règles de métier. C'est ainsi qu'à travers l'élaboration collective de règles de métier se tissent entre les professionnels un *sentiment d'appartenance*.

C'est en cela que Christophe Dejours identifie, à travers le renversement de la conflictualité en

11. Christophe Dejours, *Travail vivant 2, op. cit.*, p. 87.

coopération, la possibilité de fonder une théorie de la culture à partir du travail : « La coopération fondée sur des accords normatifs et sur des règles de travail [...] permet de s'affranchir, au moins partiellement, de la domination, pour se réapproprier individuellement et collectivement une part d'autonomie, parce que cette marge d'autonomie est indispensable à l'exercice de l'intelligence [12]. » Ce que permet le travail, c'est bien la conquête d'une estime de soi, de la *dignité,* par la médiation de l'intelligence. À une condition cependant : que l'éthique ne soit pas sacrifiée.

## Démobilisation générale

Si les professionnels ne disposent plus de leurs propres assemblées délibératives ; s'ils ne peuvent plus débattre des difficultés du métier, des problèmes éthiques qui surgissent par la confrontation avec le réel du travail ; s'ils sont dans l'incapacité, enfin, d'élaborer des pratiques communes, des règles de métier fondées en raison, où l'organisation du travail est transformée en référence à la qualité du travail et des « règles de l'art » ; alors surgit un monde de solitude, un monde où le sol commun se dérobe : une condition humaine ancrée dans la « *dé-sol-ation* », comme la désigne Christophe Dejours, à la suite d'Hannah Arendt.

---

12. Christophe Dejours, *Travail vivant 2, op. cit.*, p. 101.

Dans cette perspective, l'autonomie morale et intellectuelle des travailleurs est bafouée. Voilà que la parole est incapable d'agir sur le réel. Au principe d'autonomie – du grec *heautou nomos,* se donner à soi-même sa propre loi – se substitue celui d'hétéronomie : la marche du monde se fait sans le consentement des individus et des travailleurs ; l'entreprise, comme les institutions politiques, choisissent à leur place un destin. La dernière liberté se résume alors à obéir et à consentir à un ordre politique que l'on réprouve moralement.

En cela, ce dont témoigne notre époque, c'est d'une *dépolitisation* radicale des travailleurs et des citoyens, ce qu'Hannah Arendt désigne sous le nom grec d'« *apolitia* »[13].

Cette dépolitisation se manifeste tout d'abord par le fait que les individus ne se sentent plus responsables individuellement ni collectivement du devenir du monde – « dé-politisation » qu'il faut ainsi entendre comme un *détachement* de la *polis*, c'est-à-dire comme la sortie des individus du « monde commun » de la cité. Le devenir du monde n'apparaît plus, à leurs yeux, comme celui de leur propre avenir. Les questions climatiques, par conséquent, parlent d'un monde qui n'est plus le leur – puisqu'un monde dans lequel on ne

---

13. *Ibid.*, p. 181.

peut plus rien décider, et sur lequel on ne peut plus agir, ne saurait être le *nôtre*. *L'apolitia*, ce n'est donc pas seulement le renoncement à la chose commune, à la *res publica* ; c'est littéralement la privation du sentiment d'appartenance à la *polis*, l'avènement d'individus « sans *polis* », qui ne se reconnaissent plus dans l'association politique. *L'apolitia* est donc autant une dépolitisation qu'une *dé-souverainisation* – le sentiment que l'organisation du travail, la vie démocratique et même le destin climatique de la planète ne dépendent plus de nous.

## Chapitre 3

# Pour une véritable démocratie du travail

Comment sortir de l'inaction climatique ?

Au regard des analyses apportées par la psychodynamique du travail, on saisit que l'enjeu fondamental réside dans la capacité des travailleurs à porter les enjeux *éthiques* du travail. Les rapports de force entre l'économique et l'éthique doivent donc être redéfinis.

Le premier levier, à nos yeux, consiste ainsi à *donner aux collectifs de travail un pouvoir d'action sur les modes d'organisation du travail.* Celle-ci ne doit plus être abandonnée aux seuls gestionnaires – lesquels, comme en témoignent tous les corps de métier frappés par le New Public Management [1], fabriquent une organisation du travail destructrice des métiers et de l'éthique professionnelle. Il faut donc favoriser une *démocratie du travail* – c'est-à-dire redonner aux travailleurs le pouvoir de décider des modalités de l'organisation du travail. C'est à cette condition que les questions

1. Le New Public Management est une doctrine d'organisation du travail des services publics inspirée par le modèle gestionnaire.

climatiques pourront être discutées par les travailleurs et trouver une place effective dans la conscience collective de la cité. Comment y parvenir ?

## Revitaliser la réflexion politique sur le travail

Les héritiers des socialismes, ainsi que le syndicalisme, ont commis une erreur stratégique fondamentale : alors qu'ils prétendent lutter pour l'« émancipation » des individus et dénoncer les mécanismes de la « domination », ils ont complètement ignoré les questions relatives à l'organisation du travail. Ces forces politiques prétendent ainsi vouloir transformer la société, favoriser une « justice climatique », tout en faisant l'économie d'une réflexion sur les moyens de transformer le travail[2].

Les revendications concernant les formes d'organisation des entreprises, les droits des salariés et leur nécessaire transformation dans la perspective des dérèglements climatiques sont au point mort. Comme le note Alain Supiot, « la gauche a partagé un socle idéologique avec la droite libérale concernant la fascination pour la rationalisation technique du travail[3] ». Ainsi, au

2. Stéphane Le Lay, Duarte Rolo, « Souffrance au travail et action syndicale : sortir du malentendu », *Travailler*, vol. 50, 2023, p. 9-30.

3. Alain Supiot, « Préface », *in* Bruno Trentin, *La Cité du travail*, Paris/Nantes, Fayard/Institut d'études avancées de Nantes, 2012, p. 17.

lieu d'engager une réflexion critique sur les formes d'organisation du travail prônées par les forces capitalistes, la gauche et les organisations syndicales se sont focalisées sur « la question de l'emploi, de la durée hebdomadaire du travail et ont eu tendance à se battre pour des dédommagements ou des compensations pécuniaires pour la souffrance, ou le risque de maladie, au lieu de s'attaquer à la question de l'organisation du travail[4] », comme le souligne Christophe Dejours.

La première exigence, donc, pour sortir de l'inaction climatique, est d'engager une véritable revitalisation de la pensée politique sur le travail en perspective des dérèglements climatiques. Les partis politiques, comme les syndicats, doivent opérer ce tournant intellectuel s'ils désirent véritablement retrouver une maîtrise sur le destin du monde. La « co-gestion » des entreprises ne doit plus être un simple slogan : elle doit prendre des formes effectives.

## Sanctifier les « agoras des travailleurs »

Pour que les questions climatiques puissent émerger et être pensées collectivement, la psychodynamique du travail nous amène à exiger la constitution, au sein des entreprises, d'« *agoras des travailleurs* ». On ne saurait,

4. Christophe Dejours, *Le Choix. Souffrir au travail n'est pas une fatalité*, Paris, Bayard, 2015, p. 15.

en effet, mobiliser les travailleurs sans préserver des espaces de délibération où les questions éthiques peuvent émerger et être pensées collectivement. C'est là, en effet, que se joue la possibilité d'une « *parole risquée*[5] » où les salariés osent dénoncer les conflits éthiques et climatiques qui grèvent leur activité ; là, en effet, qu'il est aussi possible pour les hiérarchies de s'aventurer à une « *écoute risquée* », c'est-à-dire à une confrontation concernant l'inévitable écart entre le « travail prescrit » et le « travail réel » : « Le risque pour celui qui écoute n'est autre que le risque d'entendre. Il est risqué d'entendre dans la mesure où entendre, c'est aussi comprendre. C'est prendre le risque de voir soudain disqualifiée à ses propres yeux l'interprétation du réel que l'on tenait jusque-là pour vraie[6]. » En osant délibérer des problématiques climatiques, c'est toute une nouvelle représentation du travail qui doit émerger – par-delà les slogans du *greenwashing* et des éléments de langage des services de communication. C'est aussi la condition pour que les problèmes éthiques rencontrés dans des secteurs d'activité décisifs pour lutter contre les dérèglements climatiques puissent émerger dans le débat public. Les décisions stratégiques des entreprises qui engagent le devenir de la planète ne doivent plus demeurer dans

5. Christophe Dejours, *Travail vivant 2, op. cit.*, p. 193.
6. *Ibid.*

le secret des bureaux de direction. Elles doivent pouvoir être débattues au grand jour.

## Étendre la « clause de conscience » aux questions climatiques

Il existe, dans certains corps professionnels, des pratiques démocratiques qui permettent aux salariés d'exprimer leurs désaccords quant aux orientations de leur entreprise, et même de bénéficier d'un régime de rupture du contrat de travail spécifique lorsqu'il existe un changement d'orientation de l'entreprise contraire aux valeurs qu'ils défendent. Telle est la situation des journalistes. Ceux-ci disposent de deux leviers particulièrement intéressants pour renouveler la démocratie du travail.

D'une part, lorsqu'une nouvelle direction est nommée, ils peuvent exprimer publiquement la confiance qu'ils lui accordent pour conserver l'identité et le développement du journal. Ce vote de principe devrait être étendu à l'ensemble des entreprises, en privilégiant le prisme climatique. Un *vote de confiance ou une motion de défiance,* en effet, mettraient en évidence le conflit entre l'éthique et l'économique. Ils permettraient aux travailleurs de porter des problématiques éthiques. Il obligerait, de fait, les dirigeants d'entreprises à discuter de leurs orientations stratégiques, de leurs modalités de production, des arbitrages qu'ils opèrent à la lumière des enjeux climatiques et des propositions portées par les travailleurs. Mais surtout, ce vote rendrait public les désaccords qui animent l'entreprise, réinscrivant son activité dans le tissu politique de la cité.

D'autre part, les journalistes disposent d'une *clause de conscience*, laquelle intervient lorsqu'un « changement notable dans le caractère ou l'orientation du journal ou périodique si ce changement crée, pour le salarié, une situation de nature à porter atteinte à son honneur, à sa réputation ou, d'une manière générale, à ses intérêts moraux » (art. L7112-5 3° du code du travail). Cette clause de conscience doit être étendue à tous les salariés dès lors que les orientations choisies par l'entreprise sont manifestement contraires aux problématiques climatiques. Il faut ainsi accorder aux salariés défendant une éthique professionnelle en accord avec la transition énergétique les moyens de rompre leur contrat de travail, de pointer la responsabilité environnementale de l'entreprise, et de sanctionner juridiquement les pratiques de l'entreprise.

*Clause de conscience* et *vote sur les orientations de l'entreprise* constituent, sans nul doute, un premier pas dans la reconstruction d'une démocratie du travail soucieuse des problématiques climatiques.

## Retrouver du pouvoir sur l'organisation du travail

On pourra nous opposer l'idée qu'il existe déjà des instances de dialogue social au sein des entreprises, à l'instar du comité social et économique où siègent les représentants de la direction et du personnel. Mais ces instances, au mieux, « consultent » les salariés sans que ceux-ci ne puissent émettre de véritables préconisations en matière d'organisation du travail.

Pour que les *agoras du travail* puissent repenser l'activité de l'entreprise à la lumière des problématiques climatiques, le législateur doit accomplir un pas supplémentaire en les dotant de prérogatives et de moyens spécifiques en matière de consultation des salariés, d'enquêtes sur les méthodes et les impacts de la production, et de pouvoirs décisionnels sur l'organisation du travail et les investissements.

D'ailleurs, il faudrait contraindre les entreprises à réserver un budget spécifique à la transition énergétique indexé à leur chiffre d'affaires.

Et puis, tout comme des tiers peuvent contrôler et accompagner les entreprises en matière de médecine et d'inspection du travail, pourquoi ne pas créer un corps spécifiquement dédié à la transformation des entreprises, une sorte de corps d'« *inspecteurs de la transition énergétique* » régulé par le ministère de la Transition écologique ? Ce corps pourrait en effet veiller à ce que les consultations des salariés, l'indépendance des représentants des travailleurs, les enquêtes et les inspections sur les modes de production, ainsi que les processus de transformation de l'organisation du travail soient respectés. Il pourrait aussi favoriser la mise en relation des collectifs de travail avec les institutions déjà existantes – l'ADEME[7] et les régions au premier plan –, ou leur faciliter le recours à des experts en matière de transition énergétique et organisationnelle.

Autrement dit, si les dirigeants de l'entreprise sont obnubilés par la recherche du profit, on peut espérer de la part des travailleurs-citoyens qu'ils tiendront compte des enjeux éthiques et climatiques qu'impliquent leurs professions. Redevenir maître de son destin passe d'abord par le fait de redevenir maître de son travail. La démocratie du travail, en définitive, est la condition de la démocratie dans la cité.

---

7. Agence de l'environnement et de la maîtrise de l'énergie, chargée d'accompagner la transition énergétique.

# PARTIE II

## La bataille de l'imaginaire politique

À la première énigme qui anime cet essai – pourquoi ne se passe-t-il rien, ou si peu, au regard de la catastrophe annoncée ? –, nous aimerions en ajouter une autre : pourquoi n'imagine-t-on rien, ou si peu, au regard des impasses de notre monde ?

En effet, la pensée politique semble prisonnière du mot d'ordre thatchérien néolibéral : « *There is no alternative* ». Elle se révèle impuissante à remettre en question ses fondements, ses croyances, ses représentations. Elle avance mécaniquement vers le mur de l'effondrement, sans chercher à freiner, ni à changer de direction.

Or, à ce stade avancé des dérèglements climatiques, penser d'autres mondes ne suffit plus : *il faut les imaginer.* Car ces autres mondes ne doivent pas seulement surmonter les impasses du monde actuel : ils doivent aussi fonder un *désir* d'autre monde.

Pendant les deux siècles précédents, ce sont les héritiers des socialismes qui se sont efforcés d'inventer des modes d'organisation sociale radicalement nouveaux. Sous le nom de « socialisme utopique[1] », des femmes, des hommes, des familles ont tenté de bâtir de nouvelles sociétés, où la place du travail, de la propriété, de l'architecture, du droit, serait repensée à la lumière des principes de justice sociale. Il s'agissait alors d'inventer de nouvelles façons de produire, de travailler, d'habiter ensemble – avec l'espoir qu'il en sortirait des sociétés moins injustes. La thématique de « l'homme nouveau » était d'abord celle d'un « bâti nouveau », avec des formes urbaines et architecturales investies comme les véritables premières pierres de ces nouvelles sociétés. À l'instar du familistère de Guise, fondé en 1859, on se mit à repenser les rapports sociaux en réunissant à un même endroit le logement, le travail, l'école ; on réinventa les espaces privés, dotés exceptionnellement d'eau courante, d'eau chaude pour le bain, de ventilation, avec des cuisines communes ; on modernisa les espaces communs, illuminés la nuit par les premiers becs de gaz. La vie devint alors une aventure. Les ouvriers n'étaient plus ces anonymes qui meurent en silence dans les faubourgs des villes. De prolétariat exploité, ils devinrent sujets d'une histoire – de *leur* histoire.

1. Karl Marx, Friedrich Engels, *Manifeste du parti communiste*, 1848.

Cependant, depuis la chute du mur de Berlin, le désir d'autres mondes s'est manifestement effondré. Toute revendication d'alternative politique à la démocratie néolibérale s'est vue accusée de porter en germes l'avènement d'un nouveau totalitarisme. Aussi le mot d'ordre de la « justice climatique » se contente-t-il, pour le moment, de dénoncer les nouvelles formes d'inégalités qui surgiront à partir des dérèglements climatiques. Il lui manque encore d'être arrimé à quelque promesse de bonheur.

En revanche, tandis que la « gauche » est incapable de renaître de ses cendres, les partisans du néolibéralisme mondial, eux, s'activent pour imaginer l'avenir de nos sociétés. Cette fois, en effet, les idéologues sont sur le pied de guerre pour anticiper ce « monde d'après », celui qui surgira sur les ruines des dérèglements climatiques. Et convaincus du fait « qu'il n'y a pas d'alternative », ils tentent de donner forme à ce qui constitue, à leurs yeux, le moteur de l'histoire : *l'adaptation.*

On s'interroge alors : que pensent donc « ceux qui pensent » le monde de demain ? À quel monde se préparent-ils et préparent-ils l'humanité, une fois les dérèglements climatiques advenus ?

## Le rôle politique de l'imaginaire

Lorsque les idéologues au service des forces politiques se lancent dans la prospective, ils ont conscience des limites qui les empêchent de penser ce futur trop incertain. D'ailleurs, les scientifiques du GIEC eux-mêmes reconnaissent les limites de leurs modèles dès lors que le nombre de paramètres à prendre en compte induit des relations de causalité imprévisibles. Et s'ils se contentent de prédictions circonscrites aux questions climatiques, ils se reconnaissent incapables d'en prédire les conséquences sociales et politiques. Aussi le néolibéralisme ne s'avance-t-il pas à « penser » le futur : mais il s'efforce de *l'imaginer.*

C'est là, à partir des limites du pensable, que surgit la question de *l'imaginaire politique,* lorsqu'il s'agit d'affronter les *contradictions insolubles* du réel qu'on ne saurait résoudre dans l'ordre rationnel ; lorsque les fondements de l'ordre juridique, économique et social des États se révèlent incohérents au regard de l'avenir ; lorsque, enfin, devant les impasses de la pensée, il revient à l'imaginaire d'inventer de nouveaux mondes où le passé d'une culture trouve un avenir. En somme, l'imaginaire politique, c'est la mise au travail d'une pensée politique par l'instauration d'une *dialectique entre le réel et l'imaginaire.*

En cela, l'imaginaire politique ne se contente pas d'ouvrir de nouvelles perspectives politiques : il tend, par la même occasion, à transformer les fondements anthropologiques de sa propre culture. Autrement dit, il accomplit des remaniements dans l'ordre de la *psyché collective.*

Le néolibéralisme s'interroge ainsi sur son propre avenir : qu'adviendra-t-il de l'État, des entreprises, des familles, des relations amoureuses, du rapport à la nature, en un mot, de notre culture, lorsque la société connaîtra des vagues de températures extrêmes, des cataclysmes à répétition et un effondrement des ressources actuelles ? Que faudra-t-il défendre et conserver au sein de la « culture monde » initiée par le capitalisme ? Et surtout, que faudra-t-il sacrifier pour faire persévérer ce mode d'organisation ?

## Critique de l'imaginaire politique

L'imaginaire politique, c'est donc la voie par laquelle l'Occident *met au travail les énigmes* auxquelles doit faire face la psychè collective. Celui-ci tend à concevoir, dans son propre registre imagé, ce qui n'arrive pas encore à être pensé sur le plan de la raison. Il fraie ainsi un passage, au sein des consciences, aux désirs les plus enfouis d'une culture afin que ces derniers puissent intégrer l'ordre social. Il ne se contente pas de décrire de nouveaux mondes possibles : il met au travail la psychè collective, engageant de ce fait un remaniement des représentations. En un mot : il *prépare* le réel.

C'est pour cela que l'imaginaire politique est une pièce maîtresse de l'exercice du pouvoir. Il est le terrain de jeu par excellence de ceux qui maîtrisent la grammaire de la psyché collective et savent agir sur son « inconscient collectif », à savoir les *idéologues*. À travers l'imaginaire politique, ceux-ci travaillent en effet à dessiner l'avenir de la culture ; ils orientent, sans l'énoncer ouvertement, les choix d'une société ; ils organisent, enfin, les arbitrages qui auront lieu, lorsqu'il faudra choisir entre garantir à certains l'énergie disponible et contraindre une part de l'humanité à renoncer à ses conditions actuelles d'existence.

En somme, ces idéologues tendent à rendre légitimes des décisions qui ne seront ni énoncées, ni discutées démocratiquement en les faisant apparaître comme des « évidences naturelles ».

L'imaginaire politique, en effet, parvient à faire l'économie d'un débat démocratique en répondant à ces questions qui ne sont jamais formulées. Il oriente ainsi le destin de la cité sans que celle-ci ne puisse même délibérer. C'est là toute sa puissance politique : imposer subrepticement de nouveaux horizons de sens.

Ainsi voyons-nous partout en Occident le concept d'*adaptation* être brandi comme un avenir logique et indiscutable. Ce serait là la « marche de l'histoire ». Le seul horizon historique. L'unique destinée.

*La bataille de l'imaginaire politique* est donc une bataille décisive pour construire l'avenir. C'est là, à travers cet imaginaire, que se préparent déjà les terrifiantes décisions qui viendront légitimer le nouvel ordre politique, post-dérèglements climatiques ; c'est là, en effet, que les idéologues tendent à légitimer des arbitrages criminels, où le destin de la culture exigera le sacrifice d'une partie de l'humanité ; là, enfin, que se dévoile le fonds anthropologique du néolibéralisme techniciste, du destin qu'il réserve à la culture – en un mot, de son messianisme apocalyptique.

Si nous voulons pouvoir choisir un autre avenir que celui que nous réserve le néolibéralisme, la première tâche à accomplir consiste à *mener la critique de l'imaginaire néolibéral* pour s'arracher aux représentations qu'il véhicule. Ce n'est qu'à partir de cette déconstruction que nous pourrons alors ouvrir la voie à un nouvel imaginaire politique, fondé sur d'autres horizons culturels, et susceptible d'orienter nos croyances anthropologiques dans une voie d'équilibre avec la nature.

## Chapitre 1

# Hollywood, fabrique de l'imaginaire politique mondial

Comment le néolibéralisme investit-il le champ de l'imaginaire politique pour « penser » le monde futur, à l'aune des changements climatiques ? Quelle grammaire culturelle et anthropologique façonne-t-il à travers cet imaginaire ?

Si l'on s'en tient aux discours politiques officiels, les néolibéraux parlent peu. À de rares occasions, des figures de proue comme Elon Musk osent prononcer à voix haute leurs fantasmes les plus profonds – et les énoncés futuristes paraissent si effrayants, si détachés du monde, de nos représentations de l'homme et de la société, que nous les rangeons spontanément du côté du délire ou de la science-fiction.

Sur ce point, nous avons probablement tort. Car la science-fiction, précisément, n'est pas qu'une fiction : c'est une mise au travail des potentialités d'une culture. La science-fiction met en scène ce qui n'existe qu'en germe dans la technique afin d'en dévoiler son caractère autant désirable qu'effrayant – elle est d'abord une *technofiction*. Elle fraie un chemin dans l'imaginaire pour penser ce qui n'arrive pas encore à être pensé. Autrement dit, l'imaginaire est comme une brèche qui doit permettre l'avènement de nouvelles réalités.

Ainsi, si la pensée politique demeure silencieuse sur l'état de la culture et de l'humanité à l'horizon 2100, tel n'est pas le cas d'*Hollywood*, fabrique de l'imaginaire politique mondial. En effet, c'est à travers le cinéma hollywoodien que le néolibéralisme techniciste tend à dessiner l'avenir. Non pas simplement l'avenir des États-Unis, mais bien l'avenir de l'humanité. Car Hollywood ne développe pas un imaginaire national, mais un *imaginaire-monde*. Il suffit de mesurer le nombre d'abonnés Netflix, Disney et Amazon en Europe ou en Asie pour constater la victoire écrasante de cet imaginaire impérialiste sur toute forme d'imaginaire concurrent.

Or, qu'est-ce qu'Hollywood de ce point de vue ? C'est la mise en images de l'imaginaire politique du néolibéralisme. Une étape intermédiaire entre l'imaginaire et le réel. Un pas esthétique pour rendre pensable ce qui ne l'est pas. Le travail politique qu'accomplit Hollywood, c'est de lever les résistances psychiques ; de briser les interdits et la rigidité de la conscience morale et conservatrice ; de montrer, images à l'appui, qu'un désir refoulé mérite toujours d'exister.

Évidemment, Hollywood ne se résume pas à ses blockbusters. L'incroyable diversité de son cinéma fait qu'on trouvera toujours des films pour invalider toute définition essentialisante. Mais, comme nous allons le démontrer, il existe bien un imaginaire politique hollywoodien au service du néolibéralisme – un cinéma qui ne perçoit pas les changements climatiques comme un danger, mais les envisage, bien au contraire, comme une incroyable opportunité pour faire advenir son anthropologie politique. Voici venu le temps de l'épiphanie.

## Le travail du mythe, d'Athènes à Hollywood

« Les catholiques ont le Vatican. Les musulmans ont La Mecque. Les communistes, Moscou. Les femmes, Paris. Mais pour les hommes et les femmes de toutes les nations, de toutes les croyances, de toutes les latitudes, une ville est née depuis un quart de siècle, plus fascinante et plus universelle que tous les sanctuaires. Elle s'appelle Hollywood. On y fabrique, à destination de la terre entière, des songes et du rire, de la passion, de l'effroi et des larmes. On y construit des visages et des sentiments qui servent de mesure, d'idéal ou de drogue à des millions d'êtres humains. Et de nouveaux héros s'y forment chaque année pour l'illusion des foules et des peuples [1]. »

1. Joseph Kessel, *Hollywood, ville mirage*, Paris, Gallimard, 1937, p. 7.

Dans ce texte de 1937, *Hollywood, ville mirage*, Joseph Kessel pressent l'incroyable pouvoir qu'exercera déjà la cité du cinéma sur l'imaginaire mondial. Ce qu'il ne perçoit pas, en revanche, c'est l'incroyable parenté qui existe entre Hollywood et le théâtre antique d'Athènes, dans leur façon de mettre au travail les « mythes » de la cité. Si l'on veut donc comprendre par quels mécanismes Hollywood investit l'imaginaire politique des dérèglements climatiques, un détour par Athènes s'impose.

Les deux cités, en effet, ont élaboré une façon de travailler leur propre « univers mental[2] » en se jouant des distinctions entre le *logos* – le discours fondé en raison – et le *muthos* – le discours collectif qui exprime les croyances de la cité. Le théâtre grec manifeste ainsi une attitude psychologique particulière face aux mythes de la cité : il ne se contente pas de les reproduire à l'identique, comme un fonds religieux et sacré auquel il serait interdit de toucher ; bien au contraire, il les *transforme*. Le mode de transformation du mythe s'accomplit à travers la *poiesis*, c'est-à-dire l'activité du poète qui vient réécrire et réinterpréter les récits. Avec l'invention de la tragédie, le mythe devient poème.

Le *travail du mythe* répond ainsi aux besoins de la cité. Il s'agit, pour les poètes, de répondre à de nouveaux besoins de la *polis* générés par son évolution

2. Jean-Pierre Vernant, *Mythe et société en Grèce ancienne* (1974), Paris, La Découverte, 2004, p. 196.

politique. Comme l'a montré Jean-Pierre Vernant[3], les athéniens ont été confrontés aux insuffisances des sources mythologiques pour élaborer une pensée juridique. En effet, comment organiser les tribunaux si chaque crime commis est le fruit d'un destin voulu par les dieux ? Comment constituer une responsabilité individuelle, c'est-à-dire la figure d'un sujet libre et responsable de ses actes, si les dieux décident à la place des hommes ? Comment conjurer le risque d'une rupture entre les sources sacrées de la culture et les nouvelles exigences du *nomos* (droit) de la cité ?

Athènes fait ainsi le constat des insuffisances du discours mythologique pour définir les grandes institutions de la cité. Dès lors, elle est contrainte de les « adapter », de les réécrire, de les transformer, de façon à ce qu'ils répondent aux nouvelles exigences de développement politique. Ainsi, les réponses aux énigmes soulevées par la conscience politique n'ont pas été travaillées au cœur des institutions les plus évidentes – à savoir, les tribunaux et les assemblées politiques. Mais c'est la tragédie grecque qui a servi d'espace d'élaboration de référence pour construire les grandes catégories de la pensée juridique. C'est à travers les destins d'Œdipe et d'Antigone que le vocabulaire du droit s'est érigé ; que les parts de responsabilité qui

3. Jean-Pierre Vernant, Pierre Vidal-Naquet, *Mythe et tragédie en Grèce ancienne*, Paris, Maspero, 1972.

reviennent aux dieux et aux hommes ont été distinguées ; que la conception d'un sujet libre doué d'une volonté propre, enfin, a pu être façonnée.

En cela, le travail du mythe permet d'éviter une rupture avec les récits fondateurs. Il maintient une relation aux origines tout en acclimatant cette genèse culturelle aux nouveaux enjeux politiques. Par le travail du mythe, les poètes ne rejettent pas les mythes : ils les transforment. La *poiesis* construit ainsi des ponts entre les origines et l'avenir de la cité ; entre le *muthos* immémorial de la culture et l'univers rationnel (*logos*) en développement dans la cité. Le travail du mythe, en définitive, c'est l'avènement d'un genre de discours particulier – ce que Jean-Pierre Vernant nomme « *muthologos* », c'est-à-dire un imaginaire mythologique rationalisé, travaillé, repensé par la rationalité des poètes. C'est là toute la puissance poétique du verbe : mettre en scène les énigmes qui traversent la psyché collective de la cité en leur offrant un nouveau destin.

*

Hollywood, à nos yeux, ne procède pas autrement. En mettant au travail les mythes états-uniens dans la perspective du néolibéralisme et des dérèglements climatiques, il crée une apparente continuité entre « l'univers mental » originel des mythes et les énigmes qui concernent l'avenir de la culture. En cela, comme à Athènes, il dissimule tout un travail de réécriture. À Hollywood, en effet, le cinéma « réoriente » le mythe. Il en propose une relecture idéologique modifiant ses orientations. Autrement dit, il fait du mythe un instrument du pouvoir. Et de ce fait, Hollywood parvient à redéfinir non seulement le sens et la valeur du passé, mais à « préparer » de nouveaux horizons. Le cinéma ouvre ainsi la culture vers son propre avenir, en travaillant les représentations et les énigmes de la psyché collective.

La dimension idéologique du travail du mythe avait été identifiée dès l'Antiquité. Platon, dans *Les Lois*[4], va jusqu'à déplorer une forme de *théâtrocratie*, dénonçant par là l'empire du théâtre sur les mœurs et sur la *polis*. Le philosophe avait en effet identifié le pouvoir incommensurable des « poètes », ces idéologues antiques, capables d'orienter le destin culturel de la *polis* en réécrivant l'histoire des dieux et des légendes. Une façon d'accomplir une sorte de transformation métapsychologique de la culture. Il avait aussi compris que ce travail du mythe est un moyen de dissimuler à travers ce qu'on exhibe, ce qui n'arrive pas à être pensé sur le plan du *logos*. Autrement dit, à travers le travail du mythe, les poètes ont inventé un langage qui échappe

4. Platon, *Les Lois*, Paris, Flammarion, « GF », 2006.

à l'examen philosophique – un langage des images capable de terrasser les consciences et d'imposer ses représentations pourtant pleines de contradictions.

Hollywood maîtrise à merveille la grammaire de ce langage. Il s'est rendu maître de la puissance idéologique de son art, conscient que les pouvoirs de l'image peuvent paradoxalement dépasser ceux de l'imagination elle-même. Hollywood, en effet, c'est la fabrication d'images-instruments plus puissantes que l'imagination. À travers elles se dévoile ainsi ce qui travaille la « conscience néolibérale », les énigmes et les contradictions qu'elle entend affronter pour perdurer, mais surtout, le destin culturel qu'elle réserve à l'humanité.

Que ce soit clair, donc : c'est à l'aune de cette grammaire mythologique que le néolibéralisme techniciste entend faire face aux dérèglements climatiques. Et c'est en analysant les arrière-plans idéologiques de ce cinéma que l'on comprendra comment le néolibéralisme se prépare aux basculements climatiques.

## La lutte acharnée contre la finitude

Quelles sont les énigmes qui taraudent la conscience néolibérale mondiale ? Que ne parvient-elle pas à penser, sur le plan du *logos* – de la pensée rationnelle – qui mérite d'être investigué sur le plan de l'imaginaire politique ? Comment tente-t-elle de concilier l'anthropologie politique, qui soutient sa philosophie de l'histoire, avec le fonds culturel des États-Unis ?

Ce qui caractérise aujourd'hui à nos yeux la dynamique à l'œuvre dans le néolibéralisme techniciste est la lutte acharnée qu'il mène contre toutes les formes de *finitude*.

Si le néolibéralisme est né d'une réflexion sur les conditions de préservation des libertés politiques dans un contexte de montée des fascismes[5], il a en pratique restreint sa conception de la liberté aux formes spécifiques qu'elle adopte sur le marché : liberté d'entreprendre, liberté de contracter et, par-dessus tout, liberté de choisir[6]. Dès lors, le néolibéralisme s'est clairement engagé à renverser toutes les formes de déterminisme – au premier rang desquels les déterminismes « naturels » et « biologiques ». Et par le biais de la technique, en déjouant les déterminismes et en réintroduisant du choix, le néolibéralisme prétend ouvrir de nouveaux horizons historiques et politiques pour l'humanité : liberté de choisir son identité sexuelle, contre le déterminisme naturel ; liberté de déterminer la durée de vie, voire « d'abolir

5. Serge Audier, *Le Colloque Lippmann. Aux origines du néo-libéralisme*, Bordeaux, Le Bord de l'eau, 2012.

6. Milton Friedman, *Capitalisme et Liberté*, *op. cit.*

la mort[7] », contre le déterminisme biologique ; liberté de définir ses caractéristiques physiologiques, dans la perspective transhumaniste, contre le déterminisme génétique ; liberté de sous-traiter la procréation, contre le déterminisme sexuel, etc.

Cette lutte contre la finitude ne se contente pas de conquérir de nouvelles zones de choix contre les déterminismes biologiques : elle tend aussi à l'élaboration d'un « moi augmenté » susceptible de multiplier les expériences de la vie. À travers la construction de mondes virtuels, il s'agit de développer les possibilités d'une démultiplication du moi, de sorte à intensifier et augmenter la « quantité » de vécus possibles. Le néolibéralisme techniciste tend ainsi, à travers les pouvoirs du virtuel, à redéfinir le statut ontologique de l'imaginaire. Ce dernier, en effet, ne doit plus être opposé au réel : il doit devenir son équivalent. Le virtuel n'est donc pas seulement un outil de prédilection pour « démultiplier » le moi, mais aussi pour permettre au moi d'expérimenter ce qui, dans l'ordre du réel, est interdit ou refoulé. La redéfinition ontologique du statut de l'imagination et du fantasme dans leur relation au réel entraîne ainsi une refonte complète de l'économie psychique des individus. Ce qui relève de la transgression dans le réel peut désormais être accompli dans l'ordre du virtuel

---

7. Jacques Luzi, « Le capitalisme transhumaniste et la mort », *Écologie & politique*, vol. 55, nº 2, 2017, p. 33-62.

– ce dernier, pour l'instant, consistant en une « réalité sans corps », mais donnant lieu à un acte réel malgré tout.

En définitive, le néolibéralisme contemporain se caractérise par la mobilisation de toutes les forces productives et techniques de la société afin d'étendre les possibilités du principe de plaisir au détriment du principe de réalité.

*

Hollywood, dans cette perspective, tente d'affronter les énigmes pour l'instant impensables par le *logos* politique et la psychè collective. Qu'adviendra-t-il en effet de l'humanité si, demain, les températures nous obligent à vivre dans des espaces confinés ? Comment s'organisera une société soumise aux aléas du climat ? Trouvera-t-elle dans les futurs mondes virtuels des relais suffisants pour apprendre un métier, servir d'espaces de travail, ou encore nouer des amitiés et des relations amoureuses, à l'instar des protagonistes du film *Ready Player One* (Steven Spielberg, 2018) ?

Hollywood, face à la perspective du changement climatique, ne nous met pas en garde contre les dérives de la culture productiviste et techniciste : Hollywood, au contraire, *explore* toutes les potentialités actuelles de la culture techniciste néolibérale pour les renforcer. Dès lors que ces potentialités sont traduites en images, elles cessent d'appartenir au refoulé de la psyché collective pour pénétrer le réel. Elles viennent exprimer les désirs profonds qui animent le néolibéralisme techniciste. Et même, elles annoncent ses ambitions anthropologiques en montrant quelle humanité et quelle société elle entend bâtir. En ce sens, le cinéma hollywoodien retrouve la fonction antique des poètes : ils sont ceux qui énoncent « ce qui est, ce qui sera, ce qui fut [8] ». Le cinéma, en ce sens, fait œuvre de prophétie.

L'industrie hollywoodienne et ses dérivés numériques – du jeu vidéo aux produits de la Silicon Valley – construisent ainsi une nouvelle ontologie où l'imaginaire ne s'oppose plus au réel ; où le virtuel est élevé au rang de réalité augmentée ; où l'identité, enfin, se démultiplie à l'infini, au-delà même des capacités de subjectivation des expériences vécues. Telle est l'essence anthropologique du néolibéralisme : lutter contre toutes les finitudes, à commencer par celles qui circonscrivent le sujet. Quel avenir se dévoile alors, à l'aune des dérèglements climatiques, tandis que l'humanité prend conscience d'habiter un « monde fini » ?

8. Marcel Détienne, *Les Maîtres de vérité dans la Grèce archaïque* (1967), Paris, Le Livre de Poche, 2006, p. 67.

Chapitre 2

# L'apocalypse, ou comment justifier l'adaptation

L'analyse du travail du mythe, à Hollywood, doit permettre de déceler les déplacements qu'accomplissent les scénaristes et les *producers* – chevilles idéologiques du cinéma – pour adapter l'imaginaire politique néolibéral aux changements climatiques à venir. Pour montrer qu'il existe bien une grammaire politique, il nous faut déceler le travail de réécriture à l'œuvre autour de trois grandes unités fondatrices de la culture états-unienne, à savoir : l'apocalypse, le pouvoir de la technique et la colonisation. Apparaîtra alors, à la lumière de ces thématiques, la façon dont le néolibéralisme se prépare et prépare les consciences aux bouleversements futurs.

## Permanence de l'apocalypse

S'il existe une constante dans le cinéma hollywoodien, c'est bien l'*apocalypse.* On ne compte plus les films où Hollywood met en images la destruction du monde. Il y a là, évidemment, la jouissance du spectacle de la destruction (à l'instar de *2012*, de Roland Emmerich, sorti en 2009), sur un mode presque infantile – les franchises des *Avengers* ou des *Marvel* faisant disparaître, depuis plus d'une décennie, les morts violentes et le sexe, rapprochant les héros de leur statut de jouets et de figurines. On est très loin, désormais, des images traumatisantes de la fin du monde, comme celle du personnage de Sarah Connor dans *Terminator 2* (1991), dont la peau, et même le squelette, finissent par se désagréger dans le souffle d'une bombe nucléaire [1]. Mais au-delà des plaisirs cathartiques, l'apocalypse est un thème décisif de la psyché collective états-unienne.

Comprendre comment Hollywood traite le thème de l'apocalypse, c'est comprendre comment le néolibéralisme techniciste se prépare aux dérèglements climatiques.

### *L'apocalypse comme « dévoilement »*

Tout d'abord, il faut noter un déplacement conséquent du cinéma hollywoodien vis-à-vis de l'apocalypse. Si celle-ci, originellement, renvoie à l'Apocalypse dans l'évangile de Jean, elle a désormais perdu sa dimension eschatologique. Il ne s'agit plus, pour Hollywood, de

1. *Terminator 2. Le jugement dernier*, James Cameron, 1991.

décrire à quoi pourrait ressembler la fin des temps, ni de mettre en scène le jugement dernier qui précéderait la résurrection finale. Désormais, l'apocalypse est surtout entendue en son sens étymologique, comme *apokalupsis*, « dévoilement, révélation ». Elle ne décrit plus le terme de l'histoire. Au contraire, elle est devenue une séquence récurrente. Hollywood a ainsi quitté la conception linéaire du temps pour un retour à sa conception cyclique. Les univers apocalyptiques cèdent ainsi progressivement la place aux mondes post-apocalyptiques – preuve, pour Hollywood, que l'apocalypse est désormais autant un passé qu'un horizon.

L'apocalypse, ce n'est donc pas vraiment la destruction du monde. Bien au contraire, c'en est le « dévoilement ». Là, dans la mise en scène de l'effondrement de l'ordre social et politique, surgit la vérité de la condition humaine. L'humanité enfin mise à nu. Avec l'apocalypse, les structures élémentaires de l'anthropologie politique se trouvent enfin dévoilées. Le « masque » de la civilisation est tombé : les vérités existentielles peuvent enfin être énoncées.

Or, que révèle désormais la thématique apocalyptique du cinéma hollywoodien ? Que révèlent, en effet, les situations où les services de l'État sont débordés, où la police et l'armée sont incapables de garantir la sécurité des individus (*I Am a Legend,* Francis Lawrence, 2007), et que chacun doit lutter pour sa propre survie (*World War Z,* Marc Foster, 2013) ?

*Le retour des Pilgrim Fathers*

Tout d'abord, l'apocalypse permet de dévoiler la situation anthropologique primordiale états-unienne, à savoir *le retour à la situation coloniale initiale.* Avec l'apocalypse, lorsque l'État s'effondre, les individus doivent à nouveau affronter l'hostilité de la nature et la concurrence entre les hommes pour capter les ressources disponibles. Or cette situation n'est pas nouvelle : c'est précisément celle des *Pilgrim Fathers* (« Pères pélerins »). L'apocalypse, ce n'est pas la fin des temps, mais le retour aux origines. Un monde désertique comme celui de *Mad Max : Fury Road*[2], où des gangs s'affrontent pour capter les dernières réserves d'essence et d'eau, ne décrit rien d'autre que les routes empruntées par de nouveaux Pères pèlerins.

L'enseignement sous-jacent de cette écriture scénaristique est que l'effondrement n'est jamais un véritable effondrement, mais *le retour à la situation anthropologique initiale.* Dès lors, on comprend que les dérèglements climatiques à venir ne soient pas appréhendés avec la même angoisse que celle qui peut transparaître

2. *Mad Max : Fury Road,* George Miller, 2015.

dans les cultures européennes soucieuses de conserver leur patrimoine historique. Pour Hollywood, au contraire, le futur apocalyptique n'est qu'un retour du passé. Tout effondrement ne fait que révéler la condition fondamentale de l'humanité, celle de perpétuels Pères pèlerins. Le caractère effrayant de l'avenir est ainsi maîtrisé par le discours mythologique. La fin du monde n'est qu'un retour de ses débuts.

*Un perpétuel état de nature*

Deuxièmement, l'apocalypse signifie le retour à l'état de nature, c'est-à-dire à une configuration où les individus doivent assurer par eux-mêmes leur survie individuelle et celle de leur groupe familial sans le secours de l'État. Une série comme *The Walking Dead* (Franck Darabont, 2010) met ainsi en scène comment une apocalypse épidémique, qui transforme l'humanité en zombies, oblige à redéfinir les formes de souveraineté. Tout comme l'effondrement de l'empire romain a laissé place aux souverainetés limitées des baronnies du Moyen Âge, la disparition de l'État américain entraîne l'émergence de souverainetés locales et éphémères, mais, surtout, d'une autonomie radicale.

La séquence apocalyptique est ainsi traitée comme un dévoilement de l'état politique fondamental, celui d'une humanité adamique telle qu'elle est décrite par Locke dans le *Second Traité du gouvernement civil*[3]. La condition humaine retrouve alors les fondements de la culture états-unienne, à savoir la culture de la terre et la défense de la propriété privée – conditions de l'autonomie politique fondamentale selon le libertarisme politique.

Là encore, l'apocalypse n'est pas perçue comme un véritable effondrement, mais comme la révélation d'un état de nature fondamental qu'il ne faut jamais oublier. L'apocalypse est ainsi le moteur de l'histoire. Ce qui vient révéler à l'humanité son essence profonde – l'autonomie radicale qu'elle ne doit jamais abandonner à un État. Et ainsi en sera-t-il lorsque les dérèglements climatiques mettront à mal la puissance publique : l'humanité retrouvera sa condition politique que l'État n'a fait que masquer.

### *Achille, Hector et Jésus : la construction du héros messianique*

Enfin, l'apocalypse offre un (Hollywood) boulevard au déploiement de l'héroïsme antique dans le cinéma américain. L'apocalypse est ainsi toujours présentée sur le modèle de la guerre de Troie, comme l'ultime affrontement dont dépend le destin du monde – trame indispensable pour que les Achille et les Hector se révèlent au grand jour.

---

3. John Locke, *Second Traité du gouvernement civil* (1690), Paris, Flammarion, 1984.

Seulement, Hollywood condense l'homérisme de *l'Iliade* et *l'Odyssée* avec la figure messianique des Évangiles. Le héros hollywoodien est tantôt sacrificiel comme le Christ (*Gran Torino,* Clint Eastwood, 2008), tantôt un « élu » (*Matrix,* Lana & Lilly Wachowski, 1999), tantôt un Christ sacrifié amené à ressusciter (*Batman v Superman,* Zack Snyder, 2016). Si sa bravoure l'élève au rang de demi-dieu, comme un héros grec, il ne se contente pas pour autant d'être chanté par les trompettes de la renommée. Pour que le monde survive à sa propre destruction, il doit se sacrifier tel le Messie. L'héroïsme hollywoodien articule ainsi l'idée que l'avènement de tout nouveau monde s'accompagne nécessairement de sacrifices. À l'aune des dérèglements climatiques, Hollywood n'est pas loin de considérer qu'il y a un héros et un messie en chacun de nous. Autant être prévenu.

*

Le thème apocalyptique sert avant tout de « révélateur », au sens chimique du terme. Il est un moyen de supprimer le vernis de la culture qui permet de faire apparaître l'ethos profond de l'humanité. À nu. Une séquence où, enfin, « Dieu reconnaît les siens ». Et dans cette perspective, l'apocalypse n'est pas une catégorie du temps qui doit en signer la fin. C'est un état permanent, aussi redouté que désiré.

On comprend ainsi de quelle manière la grammaire de l'imaginaire politique hollywoodien se tient prête à intégrer les dérèglements climatiques dans sa trame apocalyptique. Les changements climatiques, dans cette perspective, ne signent pas la « fin d'un monde », mais le « retour d'un début » ; la résurgence de l'état de nature et de la condition adamique de l'homme ; la nécessité de l'héroïsme et du sacrifice christique, enfin.

Derrière cette construction scénaristique classique, cependant, on peut déceler des déplacements idéologiques propres au néolibéralisme contemporain – preuve qu'Hollywood se « prépare » même au pire. C'est là que commence alors le travail de l'imaginaire politique : penser le monde après sa destruction ; imaginer à quoi ressemble l'humanité lorsqu'elle a détruit son environnement ; mettre en images, en somme, à quoi ressemblera « l'adaptation ». C'est là, en effet, que l'imaginaire politique hollywoodien se met au service de l'idéologie néolibérale : en montrant que l'apocalypse n'est pas la fin du monde, mais l'avènement d'une nouvelle humanité – une humanité capable de « s'adapter ».

## Résurgence du darwinisme social

Ce thème de l'adaptation apparaît dès lors que l'humanité se trouve en capacité de détruire la planète et de mettre fin à l'entièreté de l'espèce humaine. Il a ainsi émergé bien avant la perspective des dérèglements climatiques, au moment de la guerre froide, lorsque l'armement nucléaire a mis en évidence un nouveau fait anthropologique : l'avènement d'un monde dont la survie repose sur le bon vouloir des hommes à ne pas appuyer sur le détonateur.

Dès lors, l'imaginaire politique hollywoodien consolide dans la psyché collective le fil rouge de la pensée néolibérale, à savoir qu'on ne saurait penser le thème de l'apocalypse sans l'articuler à celui de l'adaptation. Apocalypse et adaptation constituent ainsi une unité primitive de la grammaire politique de l'imaginaire, un rouage fondamental, lequel permet d'inscrire dans la conscience collective l'idée que la marche de l'histoire est conforme à celle décrite par le darwinisme social.

### *Reprise du paradigme eugéniste*

Le film de référence qui met en scène l'articulation entre apocalypse et adaptation est évidemment *Docteur Folamour* (Stanley Kubrick, 1964). Dans ce film, la guerre nucléaire déclenchée par un général américain paranoïaque annonce l'avènement d'un « hiver nucléaire » pour l'humanité. Lorsque les généraux américains et le président des États-Unis comprennent qu'ils ne pourront empêcher cet « holocauste », ils font appel aux conseils du Docteur Folamour, un ancien scientifique nazi réfugié aux États-Unis. À quoi, en effet, pourra ressembler le « monde d'après » ?

Ce « Docteur », interprété par Peter Sellers, ne considère pas la guerre nucléaire dans la perspective d'une destruction de l'humanité. Au contraire, il y voit l'occasion d'une « régénération » de celle-ci, dans une perspective eugéniste. S'ensuit alors la description de cette « adaptation » à « l'hiver nucléaire », à savoir la « sélection » d'un contingent d'initiés – les généraux américains en priorité – ainsi que d'un contingent de femmes « sélectionnées pour leurs qualités hautement stimulantes », au bonheur des gradés qui n'en reviennent pas de voir l'apocalypse se transformer en jardin d'Eden. Historiquement, d'ailleurs, il est à propos de rappeler que les premières législations eugénistes adoptées en Occident au XX$^{e}$ siècle l'ont d'abord été aux États-Unis[4].

Le film de Stanley Kubrick tend ainsi à répondre à une inquiétude nouvelle de la conscience collective américaine : qu'est-ce qu'un monde que les militaires peuvent désormais anéantir grâce à leur armement ? En choisissant le registre satirico-comique, Stanley Kubrick pose les fondements d'une grammaire politique naissante : celle d'un monde où l'homme a remplacé Dieu et les anges dans l'avènement de l'Apocalypse ; où la question de l'adaptation doit devenir le cœur de la conscience politique des dirigeants ; et où la question

4. André Pichot, *La Société pure*, Paris, Flammarion, 2009.

de la survie d'une partie de l'humanité requiert de réhabiliter les principes eugénistes de la sélection.

## Vers une nouvelle biopolitique

Si l'on remplace la guerre nucléaire par les dérèglements climatiques, on peut déjà anticiper la façon dont Hollywood compte intégrer ces derniers dans la grammaire de son imaginaire politique, en rendant compatible l'apocalypse avec les principes du néolibéralisme.

En effet, l'apocalypse climatique signifie une raréfaction des ressources et, par conséquent, un retour exacerbé d'une concurrence entre les individus pour assurer leur survie. Seulement, comme nous l'avons déjà souligné, les néolibéraux ne sont pas des darwiniens fidèles à la pensée de Charles Darwin. Le philosophe néolibéral Friedrich Hayek, d'ailleurs, ne fait pas mystère de sa conception évolutionniste de l'histoire. La culture, précisément, est à ses yeux le produit d'un « processus d'évolution sélective ». Ainsi les individus ne parviennent à « persister dans l'être qu'en *adaptant* leurs états internes aux changements de son environnement[5] ». Cela signifie que les changements d'environnement – à l'instar des dérèglements climatiques – obligent l'humanité à développer les stratégies « d'adaptation » pour survivre

5. Friedrich Hayek, *Droit, législation et liberté* (1973), Paris, PuF, « Quadrige », 2013, p. 887.

et à « sélectionner » les « pratiques » les plus « adaptées » tout en éliminant les « moins adaptées ».

Cependant, les mécanismes de sélection, selon les penseurs néolibéraux, ne doivent pas uniquement dépendre des rapports entre les individus et leur environnement : il faut, au contraire, substituer à la « sélection naturelle » une « sélection artificielle », où la richesse et la captation des ressources relèvent d'arbitrages politiques, et non du hasard des conditions naturelles. Ce à quoi se prépare le néolibéralisme, c'est donc bien à la résurgence d'un darwinisme social, c'est-à-dire au retour d'un pouvoir sur la vie – d'une « biopolitique », comme dirait Michel Foucault.

Ce qu'anticipe ainsi l'imaginaire politique, à travers la figure du docteur Folamour, c'est précisément la résurgence d'un eugénisme reproductif où le contrôle politique des naissances, des individus autorisés à se reproduire, ou interdits de le faire, par le biais du contrôle des ressources, relève d'une décision politique.

D'ailleurs, cette biopolitique, au XXIe siècle, se double d'une autre perspective : celle d'un eugénisme transhumaniste par lequel l'adaptation à un environnement inhabitable passe par une transformation génétique et technique de l'espèce. Si l'homme n'est plus adapté à son environnement, se disent les néolibéraux, cessons de vouloir préserver l'environnement : changeons l'homme !

Dans cette perspective, l'apocalypse n'est plus cette fin de l'histoire prônée par l'eschatologie religieuse : c'est au contraire le sens de l'histoire ; le moment où l'humanité se révèle à elle-même ; le dévoilement de son histoire profonde – celle d'une perpétuelle *adaptation* et de son essence techniciste. En somme, les dérèglements climatiques, comme les hivers nucléaires, ne sont rien d'autre que de formidables accélérateurs historiques.

### *La « sélection » n'est que l'autre nom de l'« élection »*

Il s'ensuit qu'Hollywood accomplit un dernier tour de force dont lui seul a le secret. Dans cet imaginaire politique où la matrice du darwinisme social articule le mot d'ordre de l'adaptation aux mécanismes de la sélection artificielle, ceux qui sont « sélectionnés » sont aussi « choisis ». Dès lors, l'imaginaire politique vient subrepticement renforcer cette aura sélective d'une aura élective : les « sélectionnés » sont aussi les « élus ». Le darwinisme social, pourtant ontologiquement athée ou agnostique, se voit ainsi doublé de la conception religieuse de « l'élection ».

Mais précisément, Hollywood ne fonctionne pas comme un système philosophique. Il peut fondre dans une même représentation des éléments contradictoires. Ainsi, comme l'a montré Max Weber[6], le capitalisme

6. Max Weber, *L'Éthique protestante et l'esprit du capitalisme*, 1904.

américain est imprégné des conceptions religieuses du protestantisme luthérien et calviniste, au premier rang desquelles l'idée d'*élection* – laquelle devient manifeste par la réussite dont témoigne un individu dans ses « œuvres ». Or, l'apocalypse est précisément l'avènement d'une configuration historique où s'exprime le « jugement dernier » – dans *Docteur Folamour*, le système de défense nucléaire porte le nom de « *Doomsday Machine* », « Machine du Jugement Dernier ». C'est le moment de vérité où « Dieu reconnaît les siens ». La séquence historique où la grâce divine est accordée ou refusée. Les généraux qui seront choisis pour survivre dans les bunkers ne seront pas seulement sélectionnés : ils sont aussi élus.

Dès lors, on saisit toute la superbe hollywoodienne : *fusionner, dans un même imaginaire, les principes de sélection et d'élection*, afin que le darwinisme social se double d'une vérité divine. On ne saurait mieux légitimer l'élimination des « inadaptés » et des « damnés ».

*

On distingue mieux, à la lumière de ces analyses, la façon dont l'imaginaire politique hollywoodien se prépare aux dérèglements climatiques à venir. La pensée de l'apocalypse, avec ses corrélats de l'adaptation, de la sélection et de l'élection, préfigure un ordre politique où le darwinisme social, dans ses acceptions eugénistes et transhumanistes, organise le partage entre les « adaptés » et les « inadaptés ».

Il tend ainsi à banaliser les dérèglements climatiques en les présentant comme la nature même de tout développement historique, passé, présent et futur. L'apocalypse, qu'elle soit nucléaire ou climatique, n'est jamais la fin du monde, mais seulement la fin d'un monde. Elle est simplement une séquence épiphanique par laquelle se révèle pleinement la condition humaine soumise à une adaptation perpétuelle dans un environnement changeant. Dans cette perspective, non seulement les dérèglements climatiques n'induisent pas une rupture historique, mais ils ne représentent qu'une forme d'accélération de cette histoire.

D'autre part, en articulant l'apocalypse et l'adaptation, ainsi que l'idée de sélection à celle d'élection, l'imaginaire politique hollywoodien tend à légitimer l'ordre politique à venir. La résurgence du darwinisme social et ses prolongements biopolitiques préparent la psyché collective à un agenda programmatique – un ordre où il n'y aura rien d'injuste à ce que certains survivent – les « élus », les « adaptés » – quand d'autres crèveront « comme des chiens[7] » – « les damnés », les « inadaptés ».

7. Franz Kafka, *Le Procès*, 1925.

En définitive, tout comme les généraux du *Docteur Folamour* finissent par considérer cette « adaptation » à l'hiver nucléaire désirable, il faut considérer que les changements climatiques à venir s'intègrent parfaitement dans cette grammaire de l'imaginaire politique néolibéral, aux perspectives fantasmées du transhumanisme – autrement dit, à une « accélération » de l'histoire favorisée par les processus de « sélection » et d'« élection ». Les changements climatiques sont ainsi semblables aux guerres nucléaires : s'ils sont par certains aspects redoutés, ils sont tout autant désirés.

## Le faux retour du passé

L'imaginaire hollywoodien, comme on le constate, dissimule ses partis pris idéologiques au sein d'un scénario. Dans son univers, un thème comme l'apocalypse nucléaire devient un fil directeur pour penser à la fois le passé, le présent et le futur. Les trames conçues par les films sont suivies, de film en film, de sorte que l'apocalypse nucléaire peut aisément être remplacée par le thème de l'apocalypse climatique.

Cette façon de recomposer l'imaginaire politique permet ainsi de maintenir la cohérence d'une culture et ses assises anthropologiques, en créant de la continuité dans l'imaginaire, là où il existe des discontinuités dans le réel. Et même si le monde qui adviendra à l'ère des dérèglements climatiques sera sans aucun doute un monde inconnu, le travail du mythe consiste précisément à le rendre familier par anticipation. Les mondes post-apocalyptiques ne sont donc pas, à Hollywood, de « nouveaux mondes », mais le retour aux origines, à la situation anthropologique initiale – celle des *Pilgrim Fathers* affrontant une nature et des peuples hostiles. Hollywood met ainsi en scène un futur qui ne serait qu'un « retour du passé ».

Par ce tour de passe-passe, en vérité, Hollywood accomplit un geste supplémentaire : il dissimule les déplacements qu'il opère dans sa propre culture. Les origines retrouvées ne sont jamais véritablement les origines. Et l'apocalypse climatique n'est pas du même ordre que l'apocalypse nucléaire. Car pour penser les énigmes du futur avec les éléments du passé, ceux-ci doivent faire l'objet d'une réécriture souvent dissimulée. C'est précisément ce travail de déplacement du sens, au cœur même de l'appareil mythologique, qui retient notre attention.

Les « retours du passé » ne sont-ils pas de faux retours ? Pense-t-on véritablement, à Hollywood, que le « nouveau monde » climatique qui attend l'humanité est semblable à celui qu'ont connu les Pères pèlerins ?

## Réécriture de Robinson

Cette dissimulation des déplacements du sens apparaît assez nettement avec un film comme *Seul sur*

*Mars* (Ridley Scott, 2015). Dans cet « essai » cinématographique, le héros, un scientifique incarné par Matt Damon, se retrouve coincé sur Mars, abandonné par son équipe de recherche qui l'imaginait mort à la suite d'une tempête martienne. Le film se présente alors comme la mise en scène des capacités de survie d'un individu esseulé sur une autre planète.

En vérité, le film vient travailler une énigme ancrée dans la culture états-unienne, à savoir : que peut un homme qui se retrouve seul dans un environnement hostile et sans ressources ? En ce sens, le film repend en arrière-plan et par ricochets la question de l'avenir climatique de l'humanité – Mars n'étant rien d'autre que la Terre dans un avenir proche.

À première vue, donc, *Seul sur Mars* se présente comme une réécriture moderne de Robinson Crusoé – la planète Mars remplaçant l'île déserte. Mais là où Daniel Defoe[8] et Michel Tournier[9] insistent sur la nécessité de recréer les repères de la civilisation dans un contexte d'extrême solitude (un calendrier, des jours chômés, un interlocuteur, l'hygiène), l'écriture du film met en évidence une grammaire proprement américaine, avec de conséquents déplacements anthropologiques.

---

8. Daniel Defoe, *Robinson Crusoé*, 1719.

9. Michel Tournier, *Vendredi ou les limbes du pacifique*, 1967.

## *La nature comme produit de la technique*

Il existe, cependant, une différence fondamentale entre Robinson et le personnage incarné par Matt Damon, Mark Watney. Abandonné sur son île, Robinson Crusoé survit en bénéficiant des fruits de la nature. Avant de cultiver la terre, et de l'imprégner de son travail, il retrouve son humanité de « chasseur-cueilleur ». Robinson, c'est d'abord un retour à la condition adamique. Le surgissement du jardin d'Eden – dans sa version naufragée.

Mark Watney, quant à lui, doit affronter une terre sans fruits. Une terre morte et stérile. Un désert martien. En somme, une configuration où la nature n'existe pas – plus exactement, dans la perspective des dérèglements climatiques, où la nature n'existe plus. Ainsi, si Robinson peut *cultiver* la nature, cette fois, dans le monde de Mark Watney, il faut d'abord la *créer*.

En fertilisant la terre avec ses propres excréments, le héros entérine ainsi un renversement ontologique majeur – lequel préfigure la conception néolibérale de l'avenir. Désormais, ce n'est plus la vie qui permet d'engendrer la technique, mais la technique qui permet d'engendrer la vie. Autrement dit, Hollywood procède à un véritable renversement de l'ordre d'engendrement entre le « *bios* » et la « *tekhnê* ». Dans un monde détruit et infertile, la vie ne peut plus être que l'objet d'une production.

*La vie comme artéfact*

À travers la condition du héros se dessine ainsi un parti pris idéologique de la culture néolibérale : la vie ne peut plus perdurer par elle-même. Son sol ontologique, ce qui la maintient dans l'être, ne peut plus être la nature (*phusis*). Elle doit dépendre, désormais, de l'action de la technique. En somme, la nature n'existe plus sous sa forme spontanée. Elle est nécessairement un produit. Un artéfact.

Hollywood, en cela, « abat ses cartes ». Si la nature (*phusis*) n'est plus l'origine de la vie, alors le seul destin possible de l'humanité consiste en une artificialisation de ses conditions d'existence. Le héros, sur Mars, ne respire qu'à l'aide de machines qui captent l'énergie solaire et fabriquent de l'oxygène ; l'eau est elle aussi produite de façon artificielle ; la terre n'est fertilisée que grâce à son action. L'avenir n'est pas « biotechniciste » mais « technobiologique » : le primat de l'être revenant d'abord à la *tekhnê*.

C'est donc en toute logique que le héros se conçoit lui-même comme une pièce de ce dispositif technique – comme une source d'énergie parmi les sources d'énergie ; comme une machine parmi les machines. Dans ce monde entièrement artificialisé, la seule source de nature dont il dispose n'est autre que lui-même. Il est le dernier lien avec le « monde d'avant », la dernière source naturelle. Mais précisément, comme toute nature tend à être exploitée, en devenant source d'énergie potentielle, il ne peut survivre dans le « monde d'après » qu'en s'artificialisant lui-même, c'est-à-dire en se transformant lui-même en producteur biologique d'engrais. Dès lors, il se pense lui-même comme une machine. C'est tout « naturellement » que le héros utilise ses excréments pour fertiliser la terre martienne. Et le renversement dans l'ordre de l'engendrement advient une fois de plus : l'homme ne naît plus de la terre, c'est au contraire lui qui la fait naître.

### *La confusion des temps*

*Seul sur Mars* élabore ainsi un imaginaire politique qui tend à répondre aux problèmes que le réchauffement climatique pose à la conscience collective.

D'une certaine manière, en choisissant une planète comme Mars, avec des conditions climatiques extrêmes, dans un horizon fictionnel historiquement proche – la scène ne se passe pas en 2100 mais en 2035 –, Ridley Scott veut réfléchir à la manière dont la « culture » s'adaptera aux changements climatiques. Il entrevoit ainsi l'idée centrale que la vie n'aura plus de destin autonome par rapport à celui de la technique. En somme, que l'humanité ne survivra que grâce à ce renversement ontologique dans l'ordre d'engendrement entre le *bios* et la *tekhnê*.

L'imaginaire politique tend ainsi à transformer un monde hostile, invivable et inhabitable, en un monde familier. Cette familiarité, le héros du film la crée d'une manière tout à fait états-unienne : en défrichant la terre, en labourant le sol, en arrosant les graines de son travail et de sa sueur. Ainsi, bien qu'à des millions de kilomètres du *home sweet home*, le paysage martien – symbole de notre avenir climatique – n'est en fait qu'un paysage bien connu, celui d'un nouveau Grand Cayon.

Dès lors, on retrouve ici la spécificité du travail du mythe, à savoir la distorsion des catégories du temps. Cette terre martienne, hostile, qu'il faut « humaniser » par le travail, ce n'est pas véritablement « un autre monde », un « monde futur » ou une énigme de l'avenir. Non, ce scientifique seul sur Mars en 2035 n'est en réalité rien d'autre – encore une fois ! – que la réactualisation de la figure des *Pilgrim Fathers*. Ce que nous réserve l'avenir, c'est de retrouver les conditions d'existence de l'origine. Ainsi en est-il de notre futur climatique, décrit comme un désert martien : il n'annonce pas la fin du monde, mais un retour du passé – la résurgence de la situation anthropologique primordiale pré-états-unienne, lorsque les premiers colons apprennent à forcer la terre à les nourrir.

*

Hollywood, comme on le constate, ne pense pas d'autre futur que celui qui existe en germe dans sa propre culture techniciste. Mais par cet effort continu à maintenir cet horizon, il enferme la conscience collective dans ses propres illusions : celles d'un monde où les pénuries d'énergie n'existent pas et où la technique dispose de ressources illimitées pour faire surgir la vie. Comme si l'humanité allait bénéficier des mêmes moyens qu'un scientifique en mission sur Mars.

Hollywood, en cela, se nourrit de ses propres fictions. Il ne pense pas les véritables défis de l'avenir. Il fait l'économie du réel. En un mot, c'est un imaginaire *ethnocentrique*. Dans ces conditions, son imaginaire fait obstacle aux réalités du changement climatique. Ce qu'il « adapte », en définitive, c'est davantage ses mythes que sa culture.

## Les nouveaux sentiers de l'adaptation

Dans un bref essai intitulé *Réflexions sur le mensonge*, Alexandre Koyré détaille les différentes stratégies pour mentir en politique : « Il est vrai que Hitler a annoncé publiquement tout son programme d'action dans *Mein Kampf*. Mais c'était justement parce qu'il savait qu'il ne serait pas cru par les "autres", que ses déclarations ne seraient pas prises au sérieux par les non-initiés ; c'est justement en leur disant la vérité qu'il était sûr de tromper et d'endormir ses adversaires[10]. »

Doit-on considérer qu'Elon Musk suit la même logique, lorsqu'il déclare, à la conférence mondiale sur l'intelligence artificielle qui s'est tenue à Shanghai en 2019, qu'il « faut "terraformer" Mars et devenir une espèce multiplanétaire ou faire en sorte que la vie soit multiplanétaire, car il y a une probabilité à un certain point qu'une force externe ou une erreur interne non forcée provoque la destruction ou l'altération suffisante de la civilisation pour qu'elle ne puisse plus s'étendre à une autre planète[11] » ?

Il y a là, évidemment, la rhétorique d'un grand patron de multinationale qui prétend écrire sa légende de « visionnaire ». Mais dans la mesure où ce même patron dispose d'une agence spatiale et de fusées, il faut tout de même le prendre au sérieux.

Musk semble convenir que le modèle de développement de nos sociétés conduit à une destruction de notre environnement, au point de le rendre inhabitable pour l'humanité. Mais ce qu'il entend par civilisation,

---

10. Alexandre Koyré, *Réflexions sur le mensonge* (1943), Paris, Allia, 1998, p. 29.

11. Chisato Goya, « Pourquoi les projets d'Elon Musk pour rendre Mars vivable ne sont pas concrètement faisables », *Capital*, 4 septembre 2019.

ce n'est précisément pas la reconnaissance d'un équilibre à construire entre l'homme et son milieu ; ni une activité humaine indexée sur les capacités de la nature ; mais le devenir toujours plus artificiel des conditions d'existence. Le *bios*, encore une fois, ne peut plus perdurer que grâce à l'action de la technique.

Le paradoxe de ce technobiologisme est évidemment que la lutte contre la finitude nécessite de composer un « moi » qui n'est plus le « moi » originel, mais un « moi » traversé par des modifications génétiques ou techniques. Le destin de l'humanité, tel que l'entrevoit Musk, s'inscrit ainsi dans un imaginaire politique semblable au destin imaginé pour Mars : une humanité « terraformée », c'est-à-dire où l'ordre d'engendrement entre la technique et la vie a été inversé.

D'où l'obsession hollywoodienne pour ce « moi augmenté », ce « moi dédoublé », cette identité démultipliée – autrement dit, pour les « avatars ». Dans un monde détruit, ils continueront d'incarner pour les néolibéraux cette « liberté de choix » – à condition de rejeter la différence ontologique entre le réel et le virtuel.

## Les avatars au secours du réel

*Avatar*[12], de James Cameron, n'est pas le simple nom d'un film : c'est aussi le programme du néolibéralisme

12. *Avatar*, James Cameron, 2009.

pour prolonger sa lutte contre la finitude humaine dans un monde dévasté. Là encore, il s'agit d'une réécriture – celle du mythe de *Pocahontas* – qui dissimule d'importants déplacements.

Tout d'abord, s'il s'agit bien d'une histoire de colonisation, il est à noter que, cette fois, elle n'est pas accomplie par l'État, mais qu'elle est le fait d'une compagnie privée – laquelle, implicitement, a déjà supplanté l'État dans la souveraineté. Ce sont les compagnies privées, dans l'imaginaire politique, qui sont aptes à décider du destin des peuples autochtones, de l'exploitation des ressources des autres planètes, et disposent du droit de vie et de mort sur toutes les formes de vie. D'ailleurs, preuve de l'étendue de leurs pouvoirs économiques, elles sont capables de lever des armées de mercenaires – au point qu'on se demande si Cameron ne s'est pas inspiré directement du groupe Wagner. Dans ce nouveau monde, le néolibéralisme est arrivé à son terme : tout se monnaie, tout appartient au monde marchand, des ressources biologiques extraterrestres jusqu'à l'oxygène que l'on respire artificiellement.

Seulement, si tout s'achète, encore faut-il en avoir les moyens. Or, précisément, les scénaristes du film ont choisi de mettre en scène un héros handicapé, contraint de jouer au mercenaire car il ne dispose pas des ressources suffisantes pour financer l'opération qui pourrait lui permettre de marcher à nouveau. C'est l'occasion, dans le film, de présenter le double destin que réserve à l'humanité le néolibéralisme, selon que l'on est riche ou pauvre.

Dans sa lutte techniciste contre toutes les formes de finitude, le néolibéralisme a longtemps rêvé de réparer le corps comme on répare une machine. *Robocop* a ainsi longtemps incarné le modèle de référence, le *bios* étant maintenu en vie par la *tekhnê*. Avec les progrès de la génétique, on aurait pu supposer qu'Hollywood choisirait d'imaginer une régénération du corps abîmé par la vie elle-même, le *bios* réparant le *bios*. Mais précisément, un tel scénario implique de renoncer au rôle joué par la technique. La nature ne peut réparer la nature. Seule la technique le peut. La « biotechnique » est, par conséquent, le seul destin possible.

Ainsi, dans *Avatar*, le corps abîmé du soldat ne peut trouver le salut que par deux voies nécessairement dépendantes de la technique. D'une part, par le recours à un substitut du corps dans l'ordre du virtuel : plongé dans un simulateur, l'esprit du soldat manipule à distance son « avatar » – c'est-à-dire sa machine biologique – comme son propre corps. C'est la solution imaginée par le néolibéralisme techniciste pour ceux qui n'ont pas les moyens financiers de transformer le réel : créer des connexions d'un genre nouveau entre l'esprit et le corps par le truchement de la technique.

D'autre part, le film imagine aussi la possibilité d'une transmigration de l'« esprit » ou de l'« âme » d'un corps à l'autre, reprenant là un schème pythagoricien bien connu, celui de la métempsychose. Il réactive la croyance antique et religieuse en la distinction entre l'âme et le corps, laissant planer le fantasme d'une âme immortelle migrant d'un corps périssable à un autre. Dès lors, le corps biologique, héritage de la reproduction sexuée, ne participe plus de la définition de l'identité. Au « Deviens ce que tu es » de Laclos se substitue un nouveau mot d'ordre : « Sois ce que tu veux. »

Dans les deux perspectives, cependant, l'imaginaire politique parvient à arracher le concept d'identité au « corps » – et même, au « vécu ». En effet, si le « moi » n'est plus rattaché à un corps en particulier, il peut potentiellement se « démultiplier ». L'esprit, à la différence du corps, pourrait ainsi vivre des expériences simultanées, celles de plusieurs corps, voire différées, augmentant ainsi la quantité de « vécu » possible. Dans ces conditions, la « fin du monde », l'apocalypse ou le dérèglement climatique ne menacent pas la conception de la liberté prônée par les néolibéraux : à savoir, la liberté de choix, ou encore la possibilité de se déterminer par-delà les finitudes biologiques. Ces perspectives de conquête seront toujours d'actualité, même dans un monde déchu, grâce aux avatars.

Mais en fonction des ressources de chacun, le néolibéralisme techniciste ne prévoit pas les mêmes modalités de compensation. Pour ceux qui en auront les moyens, il s'agira de créer, comme dans *Avatar,* des « mondes » réels mais entièrement artificialisés, avec une faune et une flore artificielles, de la nourriture artificielle et, même, de l'oxygène artificiel – mondes dans lesquels le « moi » pourra contrôler différents corps de « chair et d'os », augmentant ainsi sa quantité de vécus. Et quant aux plus démunis, ce n'est que dans l'ordre du virtuel qu'il sera possible d'expérimenter une démultiplication infinie de soi – à condition de bien vouloir accepter l'idée que l'esprit peut « vivre » des expériences sans le recours au corps. Le virtuel est ainsi un compromis offert aux « masses » : on peut y agir et y accomplir des choix, comme dans le réel ; mais on ne manipule jamais des choses – le corps étant séparé de l'esprit –, seulement des images.

L'apocalypse climatique, dans ces conditions, ne constituerait pas une remise en question des principes fondamentaux du néolibéralisme. Bien au contraire, elle ouvrirait la voie à de nouvelles formes d'« augmentation du moi ».

## L'impossible altérité culturelle

Cependant, si le néolibéralisme techniciste croit aux pouvoirs infinis de l'imagination pour démultiplier le vécu grâce aux avatars, force est de constater que les « expériences » proposées par Hollywood, même à l'autre bout de l'univers, se limitent à retrouver les fondements de la culture américaine.

Ainsi, si *Avatar* prétend mettre en scène la sagesse des peuples autochtones à travers leur compréhension et leur respect de la nature, et les équilibres qu'ils ont construits avec elle, on y retrouve aisément les piliers de la mythologie hollywoodienne. Derrière cette apologie de façade de la différence culturelle, une terrible vérité saute aux yeux : Hollywood est incapable d'imaginer une véritable altérité culturelle. Même sur le plan de l'imaginaire, Hollywood ne peut se défaire de son ethnocentrisme. Il ne peut imaginer « l'Autre », même dans une galaxie lointaine, que comme un « américain ». On pourrait dire, pour reprendre le mot thatchérien, que même dans l'ordre de l'imaginaire, « *There is no alternative* ».

Aussi les « extraterrestres » ne sont-ils que des humanoïdes bleus, version taille mannequin, avec des muscles secs et un visage « photoshopé ». Des « Indiens » revisités par la modernité numérique, avec une gamme chromatique tirée des premiers fonds d'écran Windows. Des chimères resurgies du passé, comme les fantômes numériques des Amérindiens génocidés.

En les présentant de la sorte, il n'est même pas besoin pour Hollywood de rejouer l'extermination. Ces Indiens du futur, en effet, sont déjà pleinement « américanisés ». Aussi initient-ils les « avatars » dirigés par le héros depuis une interface virtuelle à deux rites structurels de l'anthropologie états-unienne : d'une part, la chasse ; d'autre part, le domptage de bêtes sur le modèle du rodéo – le héros devant dompter un dragon pour qu'il lui appartienne. À l'autre bout de l'univers, donc, Hollywood conçoit des êtres vivants sur le modèle culturel du Texan. Le vivant n'a d'intérêt que s'il est mis à son service.

L'altérité culturelle semble ainsi impossible pour les scénaristes hollywoodiens – tout au moins, pour les producteurs qui arbitrent entre les différents scénarios. Si le film prétend ainsi mettre en scène la défense des peuples autochtones contre les cyniques et cupides colonisateurs, il demeure en vérité une apologie déguisée de la culture américaine. Car ce soldat handicapé, qui finit par rompre avec son corps d'origine pour intégrer définitivement, lors d'une cérémonie magique d'intronisation, le corps de son avatar, ne « s'intègre » pas à sa nouvelle culture. Bien au contraire, il parvient à lui seul à intégrer son nouveau peuple dans le registre des valeurs ethnocentriques des États-Unis. Ainsi, alors que les mercenaires détruisent à coups de missiles les arbres sacrés, l'ex-GI offre à ses nouveaux congénères une leçon d'humanité américaine. Reprenant les codes de l'oraison funèbre prononcée par Périclès, lors de la première année de la guerre du Péloponnèse, il délivre un discours typiquement américano-athénien vantant l'audace, la ruse et l'héroïsme pour triompher de l'ennemi. La victoire, en définitive, est une affaire de « foi » – le film retrouvant alors la figure messianique incontournable d'Hollywood. Lui-même, d'ailleurs, n'est-il pas allé dompter l'animal le plus terrifiant de la faune locale ? N'a-t-il pas déjà donné une leçon d'audace et de foi à ce peuple autochtone ?

Reprenant l'habit du Messie, couplé à l'audace grecque, le héros finit par donner l'ordre d'attaquer malgré l'infériorité de leurs armes – réinscrivant sa geste dans celle des soldats de Marathon, le tout revisité à la sauce extraterrestre. En somme, la victoire devient possible parce que les autochtones sont déjà pleinement américanisés. En définitive, c'est toujours l'Amérique qui triomphe.

*

À travers le sort de la planète Pandora, le film *Avatar* fait mine de dénoncer la destruction de notre propre planète par les forces mercantiles. Derrière cette accusation de façade, il s'agit en vérité de résoudre une énigme qui travaille la conscience néolibérale : comment poursuivre la lutte contre la finitude et conquérir de nouvelles formes de liberté de choix dans un monde amené à être détruit ? Comment garantir aux individus l'élargissement des possibilités et le programme d'intensification des vécus du « moi » alors que l'environnement est devenu hostile ?

*Avatar*, en ce sens, derrière son apparente réécriture de Pocahontas, introduit un déplacement ontologique majeur : l'indifférenciation entre le réel et le virtuel dans l'ordre du vécu. Par sa forme même, où l'image numérique s'entremêle sans discontinuité avec l'image filmée, les acteurs cohabitent avec les personnages de synthèse. La catégorie du réel ne saurait donc plus être réservée à ce qu'éprouve le corps, mais d'abord à ce que perçoit l'esprit. Ainsi, il devient possible d'élever l'image au rang de réalité, et l'avatar, au rang de personne.

À l'aune des dérèglements climatiques, *Avatar* explore donc une façon de concilier les ambitions du néolibéralisme techniciste avec la destruction de l'environnement. Il tend à formuler la promesse d'un monde de possibles – à la condition que le sujet renonce à son propre corps, à son environnement naturel et accepte de considérer des perceptions artificielles comme plus déterminantes dans son vécu que des perceptions réelles. La fable écologique a ainsi tout d'une grande dystopie.

# Chapitre 3

## Grammaire de l'imaginaire politique

Le travail du mythe, comme nous pouvons le constater, est d'une incroyable efficacité. Par d'habiles stratagèmes, il permet de dissimuler les éléments de réécriture, créant l'illusion d'une continuité entre les époques et les mondes, niant au passage la réalité des dérèglements climatiques. En cela, le travail du mythe accomplit un geste politique qui échappe à la délibération démocratique : il déplace, dans l'ordre de l'imaginaire, les normes et les valeurs d'une société. C'est donc tout l'enjeu de l'investigation philosophique : révéler les raccourcis et les illusions que véhicule l'imaginaire politique afin de les mettre en discussion.

Cependant, une interrogation demeure : comment les idéologues d'Hollywood s'y prennent-ils ? Comment parviennent-ils à être si efficaces ? Et surtout, quels procédés pouvons-nous identifier de sorte à favoriser une lecture critique de leurs réécritures ?

À la lumière de nos analyses, deux principes fondamentaux de réécriture président à ce travail du mythe.

## Une réécriture structurale des mythes

Le premier procédé auquel recourt le mode de réécriture des mythes par Hollywood relève de cette distorsion du temps que nous avons identifiée – l'avenir présenté comme un retour du passé.

Si le cinéma parvient à rabattre le futur sur le passé, comme on plie un origami, c'est que, comme l'a souligné l'anthropologue Claude Lévi-Strauss [1], le mythe condense deux formes distinctes de temporalité. D'une part, la temporalité *diachronique* du récit, par laquelle les événements scénaristiques du mythe se succèdent. C'est la forme traditionnelle du récit, avec une situation initiale, des péripéties et une résolution finale. Dans cette forme de temporalité, les péripéties s'enchaînent dans un ordre chronologique. D'autre part, l'anthropologue des mythes distingue une autre temporalité, cette fois *synchronique*, où les éléments du récit entrent en résonance au sein d'une structure. Chaque élément du mythe, chaque « mythème », ne fait sens que dans sa relation aux autres. Claude Lévi-Strauss compare ainsi la structure des mythes à celle d'une partition de chef d'orchestre : les notes de chaque instrument ne parviennent à composer une mélodie qu'au travers des relations qu'elles ont entre elles.

1. Claude Lévi-Strauss, *Anthropologie structurale* (1958), Paris, Pocket, 2009, p. 235.

Hollywood travaille le mythe en reprenant à son compte cette double temporalité structurale des mythes. Derrière le récit diachronique où les péripéties se succèdent, c'est tout un dialogue synchronique qui s'écrit avec les versions précédentes des mythes. Les films hollywoodiens ne sont donc pas des œuvres isolées et autonomes : ils s'inscrivent, au contraire, dans une structure dynamique – celle d'un imaginaire politique tourné vers le travail permanent des mythes. On passe ainsi, de l'apocalypse nucléaire à l'apocalypse climatique non pas avec le sentiment d'une discontinuité, mais au contraire, avec un sentiment de profonde familiarité.

Cependant, ce procédé masque le travail de réécriture. Il apparaît alors, comme nous l'avons montré, une sorte de révisionnisme par lequel le futur est toujours présenté à travers les traits du passé – dissimulant, au passage, les nouveautés historiques auxquelles il faudra faire face. En cela, l'imaginaire néolibéral nous enferme dans une lecture des dérèglements climatiques qui consiste à croire qu'ils ne sont qu'une « nouvelle apocalypse » que l'humanité saura toujours surmonter. Les contingences et les incertitudes de l'avenir tendent ainsi à être normalisées. C'est précisément cette construction idéologique que nous contestons.

## L'élaboration des rêves : principe de réécriture des mythes

Le second procédé de réécriture des mythes est autrement subtil. Il tient à la capacité d'Hollywood à accomplir des déplacements dans l'ordre des mythes, en associant dans un même imaginaire des idées parfois contraires sur le plan de la raison. Nous avons ainsi pu mettre en lumière comment certains films parvenaient à concilier le principe biologique de sélection avec le principe religieux d'élection, malgré l'opposition fondamentale entre le paradigme biologique et le paradigme religieux. Comment Hollywood, en effet, y parvient-il ?

C'est qu'Hollywood, selon nous, *travaille ses mythes sur le modèle de l'élaboration des rêves*, telle que Freud l'a analysée.

Tout d'abord, si le rêve est, selon Freud, l'« expression d'un désir[2] », celui-ci fait l'objet d'une « *déformation* ». Il en est de même pour les mythes : ils répondent à des énigmes qui ne sont jamais explicitement formulées. Ainsi, tout comme Freud reconnaît une distinction entre le « rêve manifeste » et le « rêve latent », il faut distinguer entre un « film manifeste » et un « film latent ». Ce qui les rapproche, précisément, c'est qu'ils sont le résultat d'un « travail de censure » qui

2. Sigmund Freud, *L'Interprétation des rêves* (1899), Paris, PuF, 1926, p. 122.

vient dissimuler les enjeux véritables à l'œuvre. Les images du rêve – comme les images hollywoodiennes – répondent d'une même logique onirique par laquelle le sens profond des images est dissimulé : « *La déformation est un procédé de dissimulation*[3]. »

Cette dissimulation, dans le travail du mythe, suit les mêmes mécanismes que ceux du rêve. On retrouve ainsi, comme principe de réécriture du mythe, un véritable « travail de *condensation*[4] » par lequel les images et les symboles des films procèdent à la fusion d'idées et de pensées multiples. Le travail du mythe permet, en effet, de compiler dans un même récit des figures issues de mythes différents. Les figures s'y mélangent, se superposent et procèdent selon une combinatoire qui cumule plusieurs strates de mythes. Ainsi, la figure du héros homérique se trouve doublée d'une aura messianique, tandis que l'idée d'adaptation est articulée à celle d'élection.

Enfin, le travail du mythe, comme celui du rêve, suit une logique de « *déplacement* ». Dans l'analyse du rêve, « le déplacement s'exprime de deux manières : en premier lieu, un élément latent est remplacé, non par un de ses éléments constitutifs, mais par quelque chose de plus éloigné, donc par une allusion ; en deuxième lieu,

3. *Ibid.*, p. 129.
4. *Ibid.*, p. 242.

l'accent psychique est transféré d'un élément important sur un autre, peu important, de sorte que le rêve reçoit un autre centre et apparaît étrange[5] ».

À travers le travail de réécriture des mythes, c'est donc tout un jeu d'ajouts et de suppressions qui s'accomplit, opérant un véritable déplacement du sens. Ainsi, *Seul sur Mars*, tout comme *Avatar*, ne se contentent pas de réécrire les histoires de Robinson et de Pocahontas : ils introduisent, chacun à leur manière, un renversement ontologique majeur : celui d'une technique désormais à l'origine de la vie, dans *Seul sur Mars* ; celui d'une indifférenciation ontologique entre le réel et le virtuel, dans *Avatar*.

Plutôt que de penser le réel, Hollywood pense surtout à maintenir la cohérence de ses mythes en les adaptant aux nouvelles réalités politiques. Ainsi, toute l'entreprise idéologique de cet imaginaire politique ne consiste pas à mettre au travail les croyances du néolibéralisme, mais à les maintenir, en légitimant les sacrifices qu'il faudra accomplir pour les préserver.

## Hollywood préfère s'aliéner à ses propres mythes

Par ces procédés d'écriture, Hollywood ouvre un destin à la culture techniciste du néolibéralisme alors que se

5. Sigmund Freud, *Introduction à la psychanalyse* (1917), « Le symbolisme dans le rêve », Paris, Payot, 2001, p. 202.

profilent les catastrophes climatiques. Il parvient à concilier le fonds originel de l'anthropologie états-unienne avec un avenir incertain, en rappelant que la condition fondamentale de l'humanité est celle de colons affrontant une nature hostile et à laquelle il faut s'adapter. Mais dans un même mouvement, Hollywood s'enferme dans ses propres mythes. Il s'y aliène au point de nier que les dérèglements climatiques ne nous projetteront pas dans un « monde connu », celui d'une Amérique primordiale et fantasmée, mais dans un monde plein d'incertitude.

Hollywood, en refusant de penser le réel, se rend étranger au monde et nous invite à faire de même. Il vit de ses propres fictions, au point de projeter l'humanité dans un univers confiné ou virtuel, intégralement artificialisé, où la rupture avec la nature sera définitive.

En cela, ce cinéma est le grand négateur des changements climatiques à venir. Ou plutôt, il prépare les consciences à en accepter les conséquences, comme la marche « naturelle » de l'histoire. L'apocalypse, la mise en concurrence des individus, le sacrifice des uns, l'élection des autres, ne préfigurent pas une situation exceptionnelle : elles révèlent simplement la véritable nature de l'« évolution culturelle », celle d'une perpétuelle *adaptation.*

Vaste programme...

# Chapitre 4

## Ce qui ne peut être pensé doit être imaginé

Qu'en est-il de l'imaginaire politique français ? Comment appréhende-t-il les transformations économiques, politiques et sociales qui nous attendent ? Comment tente-t-il de concilier notre passé et notre avenir ?

À la différence du cinéma hollywoodien, le cinéma français ne rejoue pas sans cesse ses mythes fondateurs. Il ne cherche pas à concilier le patrimoine imaginaire avec le futur de la société. La Révolution, la Terreur, le servage, la prise de la Bastille ne constituent pas sa grammaire fondamentale à partir desquels s'écrit et se réécrit sans cesse le cinéma. C'est un cinéma qui, à l'inverse d'Hollywood, ne vise pas à créer des continuités là où le réel impose des discontinuités, mais travaille les dissonances : lorsqu'il interroge la proclamation de l'égalité à la lumière des fractures urbaines (*La Haine*, de Mathieu Kassovitz, 1995 ; *Les Misérables*, de Ladj Ly, 2019) ; lorsqu'il travaille les différences sociales (*Le Goût des autres*, de Jean-Pierre Bacri et Agnès Jaoui, 2000), ou culturelles (*L'Esquive*, d'Abdellatif Kechiche,

2003) et tente d'organiser des ponts entre les corps disparates de la société ; un cinéma mémoriel, toujours raconté à hauteur d'hommes qui met en scène la trahison des promesses républicaines (*Lacombe Lucien*, 1974, de Louis Malle ; *Monsieur Batignole*, 2002, de Gérard Jugnot).

Ce que travaille ainsi le cinéma français, ce ne sont pas les mythes fondateurs, mais les *principes fondateurs*. Ce qu'il veut montrer à l'écran, c'est précisément l'écart entre ces principes hérités de la Révolution et les dissonances historiques qui ont frappé de nombreux corps de la société (les Juifs pendant la Seconde Guerre mondiale, les peuples colonisés sous l'Empire, les habitants des banlieues déclassés par rapport à ceux des villes, les immigrés relégués, les homosexuels discriminés, etc.). Son intention première est ainsi d'interroger l'écart entre l'idéal et le réel, entre le déclaré – comme la Déclaration des droits de l'homme – et l'effectif.

Or, si le néolibéralisme techniciste utilise l'imaginaire politique comme un moyen *d'adapter* sa culture aux mondes à venir, on ne constate pas un élan semblable en Europe et en France. Les principes ne sont pas mis au travail de la même manière que les mythes. Et alors que les dérèglements climatiques balbutient leurs premières catastrophes, force est de constater que cet imaginaire politique est aujourd'hui *en rade*.

Pourtant, un imaginaire politique est indispensable pour mobiliser et orienter notre culture vers un horizon humaniste. Le philosophe Alain affirmait que « penser, c'est penser contre ». Pour notre part, nous dirions qu'imaginer, c'est certes imaginer *contre* ce qui existe, mais c'est aussi imaginer *avec* le réel. C'est là tout le mouvement dialectique de l'imaginaire politique : penser *contre* ce qui existe, mais imaginer ce qui pourrait advenir sans perdre de vue l'existant. On ne saurait changer de monde sans en imaginer d'autres ; sans rendre l'avenir, malgré ses sombres perspectives, *désirable*. C'est ce « désir d'un autre monde » qui ne parvient pas à faire l'objet d'une élaboration. Aucun parti actuel, aucun syndicat, aucun courant philosophique n'est en mesure d'initier, à partir de notre culture, de nouveaux mondes possibles, alors que les ruines du monde actuel commencent déjà à apparaître.

Comment sortir de cette impasse ?

## Contresens sur l'utopie

Longtemps, on a confié ce travail d'invention des mondes à un genre philosophique, l'utopie. Nombreux sont ceux qui voient dans cette tradition intellectuelle un outil de renouvellement de la pensée politique. Or il y a là, selon nous, un contresens majeur qu'il faut dissiper pour orienter comme il convient le renouveau de notre imaginaire politique.

L'utopie, en effet, prétend accomplir une *harmonie universelle* entre les membres de la communauté politique en articulant parfaitement les besoins des individus à ceux de la cité. Elle se caractérise par la volonté de supprimer toute forme de *conflictualité*, comme si la métaphore de l'État comme unité organique pouvait devenir réalité. Dans les « cités bienheureuses » qu'elle invente, de *La Cité du Soleil* de Tommaso Campanella aux *États et empires de la Lune et du Soleil* de Cyrano de Bergerac, les intérêts de la cité et ceux des citoyens sont parfaitement accordés. Ce que met ainsi en scène l'utopie, c'est une humanité pleinement unifiée dans un même corps politique, où les discordances entre l'intérêt individuel et l'intérêt collectif ont été abolies. L'utopie, en somme, fait mine d'établir les grandes formules rendant possible l'avènement d'une humanité *bonne*, seulement bonne, et rien d'autre.

C'est là, précisément, que réside un grand malentendu. Les philosophes qui ont élaboré des utopies – de *La République* de Platon à *L'Utopie* de Thomas More – n'ont jamais eu pour ambition de proposer des modèles de cités « idéales ». Ils n'ont jamais pensé, un seul instant, qu'il suffisait d'appliquer leurs « formules politiques » pour que l'humanité change de nature et se révèle de lait et de miel. La politique n'est pas affaire de recettes. Contrairement à la lecture erronée qui en est communément faite, ces auteurs ne proposent pas un modèle de cité parfaite : ils s'efforcent, au contraire, de mettre en évidence les limites du politique. Pourquoi, en effet, l'harmonie universelle entre les membres d'une même cité est-elle impossible ? Qu'y a-t-il qui résiste à la paix des hommes, quand bien même ils ne manqueraient de rien ? Et d'ailleurs, à quels renoncements faudrait-il consentir pour que l'harmonie universelle ne soit pas une chimère ?

Les « cités idéales » décrites n'ont précisément rien d'idéal : dans *La République* de Platon, afin de réaliser « l'harmonie » de la cité, Socrate identifie la source des conflits entre la cité et les citoyens en raison d'un argument biologique : le fait que les parents préféreront toujours leurs propres enfants à ceux des autres. La famille, dans cette perspective, se révèle être la première des sociétés. Une société où l'on préfère les siens aux autres et aux lois. L'accomplissement de la justice dans la cité exige ainsi de briser ce régime préférentiel entre parents et enfants. Il imagine alors un communisme des enfants, de sorte qu'aucun d'entre eux ne soit la propriété d'un seul parent, devenant par conséquent, les enfants de tous. Ainsi, conclut-il, chacun aimera chaque enfant comme le sien propre, mais aucun n'ira à le préférer aux lois de la cité. Les intérêts collectifs et les intérêts particuliers seraient ainsi réconciliés. Or, comme le souligne

Leo Strauss[1] dans son clairvoyant commentaire de *La République*, la proposition avancée par Socrate est jugée si loufoque que personne, dans le dialogue, ne prend même la peine de la réfuter...

Il ne faut donc pas lire les utopies comme des projets de « cités parfaites » où régnerait l'harmonie universelle entre tous les citoyens : elles examinent, au contraire, ce qui résiste en l'homme pour l'accomplir. Les hommes préféreront toujours leurs propres enfants aux lois de la cité, ou aux enfants des autres, en raison du lien biologique qui prime sur le lien politique. C'est à cette vérité que se confronte Platon.

## Il faut imaginer concrètement

Si l'utopie, comme telle, se révèle d'un faible secours pour envisager le monde à l'horizon des bouleversements climatiques, elle demeure néanmoins un outil indispensable pour instaurer une dialectique entre le réel et l'imaginaire. Aussi faut-il admettre une distinction d'importance entre l'utopie et la *pensée utopiste*, c'est-à-dire toutes les formes de pensée qui ont voulu faire de l'utopie un objet d'expérimentation. Du socialisme utopique de Charles Fourier, soucieux de réinventer les modes d'organisation de la société en fondant de

1. Leo Strauss, *La Cité et l'Homme* (1964), Paris, Le Livre de Poche, 2005.

nouvelles communautés politiques, aux ambitions architecturales de Le Corbusier pour repenser les rapports humains à partir de nouvelles configurations spatiales, c'est toute une tradition politique originale qui s'est constituée pour offrir à l'humanité de nouveaux horizons politiques.

La « gauche », historiquement, n'a pas accordé beaucoup d'intérêt à ces expérimentations politiques menées par la pensée utopiste. C'est là, peut-être, la conséquence du discrédit jeté par Marx et Engels[2], jugeant que Fourier, Saint-Simon et tous leurs émules ne se « pensaient pas comme représentant les intérêts du Prolétariat[3] ». Le « socialisme utopique » est ainsi apparu comme une pensée oublieuse de la Révolution, voire une entreprise contre-révolutionnaire.

Pourtant, la pensée utopiste, en reprenant à son compte les velléités totalisantes de l'utopie et ses rêves d'harmonie universelle pour les rendre concrets, accomplit un geste décisif : elle ne met pas son idéal seulement à l'épreuve du concept, mais aussi à l'épreuve du réel. Il ne s'agit pas, comme dans l'utopie, de penser le monde de façon *a priori*. Au contraire, il s'agit de découvrir les possibilités et les limites du politique à travers l'expérimentation. L'imaginaire, dans ces

---

2. Friedrich Engels, *Socialisme utopique et socialisme scientifique*, Paris, L'Humanité, 1924.

3. *Ibid.*, p. 52.

conditions, ne surgit pas alors de l'esprit d'idéologues au service de puissants, mais il est orienté par le travail des femmes et des hommes qui éprouvent leur condition humaine dans l'édification de nouvelles sociétés.

La pensée utopiste ouvre ainsi un champ de réflexion pour penser les sociétés de demain à l'ère des dérèglements climatiques. Elle doit collecter, étudier, dialoguer avec ceux qui se soumettent à l'épreuve du réel. Autrement dit, à travers l'expérimentation utopiste, il s'agit *d'imaginer concrètement.*

Or, c'est précisément avec cette tradition politique que le syndicalisme et les partis ont rompu. En cela, ils avancent à l'aveugle vers les mondes de demain, incapables d'imaginer à quoi pourraient ressembler les sociétés à l'ère des bouleversements climatiques. Pourtant, le recours à la pensée utopiste permet, à travers ses expérimentations, de mettre à l'épreuve le désir d'autres mondes ; il témoigne des limites que peuvent rencontrer les tentatives de transformation de l'organisation politique et économique ; il éclaire le chemin, enfin, pour distinguer entre des sociétés qui ne seraient que la figure d'un nouvel enfer, et des perspectives désirables. Du familistère de Guise (1859) à la cité ouvrière Napoléon (1849), en passant par la Cité radieuse (1952) de Le Corbusier, ce n'est pas simplement des tâtonnements politiques qui ont été accomplis, mais toute une série d'expérimentations qui nous renseignent sur le chemin à parcourir pour inventer de nouvelles formes de sociétés.

## Le moteur de transformation du monde doit être le désir

Pendant les derniers siècles, les socialismes et leurs héritiers ont su mobiliser des forces historiques autour d'une promesse : l'avènement d'un monde plus *juste*. Le désir de justice – sociale, économique, juridique – a constitué un levier historique majeur, susceptible de rendre l'effort de transformation de la société capitaliste non seulement acceptable, mais désirable. Aujourd'hui, ces mêmes héritiers tentent d'adapter leur concept de justice aux bouleversements climatiques à venir, mais les concepts de justice climatique sonnent comme un slogan. Ils ne sont, pour l'instant, arrimés à aucun projet de transformation de la société.

Or, l'effort dialectique qu'enjoint la pensée utopiste ne se limite pas à imaginer de nouveaux mondes désirables : elle exige aussi de concevoir une autre humanité désirable. Il s'agit d'inventer de nouvelles figures de l'humanité – des figures telles que le renoncement au monde actuel apparaîtra comme une libération.

C'est à partir de ce projet, de ce désir d'une autre humanité, plus accomplie, que doit s'orienter la réflexion sur les modes d'organisation des sociétés – et non l'inverse, en pensant une humanité à partir des conditions d'organisation. Autrement dit, la pensée utopiste doit fonder une nouvelle *anthropologie politique*, c'est-à-dire décrire une humanité possible, encore ignorée, et pourtant extrêmement prometteuse.

Osons donc frontalement la question : l'humanité peut-elle faire mieux que ce capitalisme de biens et de services dans lequel elle a enrôlé tous les peuples de la Terre ? Peut-on encore donner à nos sociétés un destin où la décroissance ne rimerait pas avec le malheur, mais favoriserait au contraire les principes de la civilisation ?

## Relancer le mouvement des utopies concrètes

La pensée utopiste, pour renouveler l'imaginaire politique, doit donc en passer par l'expérimentation – elle doit se réinscrire, pour reprendre les termes de l'architecte Roland Castro, dans le mouvement des *utopies concrètes*[4]. D'une part, parce que la Révolution est devenue un concept creux et inhabité, qui ne dit plus rien des façons d'exister réellement – une croyance qui a

4. Roland Castro, *J'affirme. Mouvement de l'utopie concrète. Manifeste pour une insurrection du sens*, Paris, Sens et Tonka, 2005.

fini par s'épuiser au point de se réifier[5]. D'autre part, parce que les mondes possibles de demain, à l'ère des dérèglements climatiques, ne peuvent être pensés *a priori*. Il faut donc réapprendre à tâtonner. À réinvestir le rapport à la matière, à la ville, à la nature. Non pas seulement avec l'esprit. Mais avec le corps. Car l'imagination, pour être guidée correctement, doit aller au contact du monde. Elle doit percevoir, dans les interstices du réel, les brèches qu'il faut ouvrir pour faire advenir un nouveau monde. Les utopies concrètes ne sauraient donc être l'œuvre de philosophes imaginant de nouvelles sociétés à partir de leurs concepts : elles doivent être l'œuvre de praticiens, de gens de métier, engageant l'esprit et le corps dans l'ouverture de nouveaux possibles.

Voici donc, de façon programmatique, la grammaire que pourrait suivre la pensée utopiste pour initier un nouvel imaginaire politique.

## Changer le destin de l'énergie

Le premier principe, selon nous, concerne l'utilisation et le destin de l'énergie. Jusqu'à présent, comme l'a souligné l'anthropologue Claude Lévi-Strauss, la

5. Voir, sur cette question, le livre clairvoyant de Jean-Claude Milner, *Relire la Révolution*, Paris, Verdier, 2016.

société occidentale s'efforce de mettre à disposition de chaque individu un maximum d'énergie disponible :

> « La civilisation occidentale s'est entièrement tournée, depuis deux ou trois siècles, vers la mise à disposition de l'homme de moyens mécaniques de plus en plus puissants. Si l'on adopte ce critère, on fera de la quantité d'énergie disponible par tête d'habitant l'expression du plus ou moins haut degré de développement des sociétés humaines[6]. »

Elle a fait de ce critère le point d'achoppement de la civilisation.

Or, comme l'a souligné le philosophe Pierre Caye[7], l'usage actuel de l'énergie, au lieu de favoriser le développement de la vie et des civilisations, les menace au contraire. Le capitalisme ne semble pas prêt à repenser son rapport à l'énergie, quitte à tordre le réel une nouvelle fois, dans un élan de *greenwashing* sans limite, en promettant l'avènement d'une « énergie propre ». Pourtant, c'est bien là l'enjeu principal de la révolution anthropologique qui nous attend : donner à l'énergie un autre destin que celui de l'« entropie », c'est-à-dire d'une

---

6. Claude Lévi-Strauss, *Race et histoire* (1952), Paris, Gallimard, « Folio », 2007, p. 36.

7. On peut citer ici son dernier ouvrage : Pierre Caye, *Durer*, Paris, Les Belles Lettres, 2020.

dispense à perte de l'énergie. Comment, en effet, repenser l'idée de développement à partir d'autres usages de l'énergie ?

Cette question, comme le souligne Pierre Caye, a déjà été affrontée par les sociétés pré-industrielles. Mais au lieu de réfléchir aux moyens de capter toujours davantage d'énergie, celles-ci ont inventé des outils et des méthodes permettant de produire, avec une quantité restreinte d'énergie, des œuvres et des monuments bâtis pour des siècles. À travers les réflexions et les savoir-faire des architectes de la Renaissance, Pierre Caye démontre ainsi qu'il est possible d'échapper à l'entropie du mode de production capitaliste, en convertissant l'énergie en œuvres susceptibles de durer. L'énergie, dans cette perspective, devient patrimoine. Elle n'est plus un bien que l'on consomme : elle se fait œuvre.

Car tel est, en effet, le paradoxe soulevé par Pierre Caye : alors que les sociétés du Moyen Âge et de la Renaissance ont su fabriquer, avec une énergie disponible très limitée, des monuments pensés pour des siècles – des *palazzi* florentins aux cathédrales – le monde contemporain, malgré sa débauche d'énergie, ne produit que de l'éphémère. Comment se fait-il, qu'avec moins d'énergie disponible, les architectes du Moyen Âge ont réussi à construire Notre-Dame tandis que ceux des années 1960 n'ont bâti que des grands ensembles qu'il a fallu dynamiter trois décennies plus tard[8].

Autrement dit, ce qu'ont accompli les architectes du Moyen Âge et de la Renaissance, c'est *convertir* l'énergie en patrimoine – c'est-à-dire, en durée. Avec peu de moyens énergétiques, ils ont montré qu'il est possible d'atteindre un degré supérieur de civilisation, contredisant de fait la définition capitaliste de la civilisation comme maximum d'énergie disponible par habitant.

## Intégrer le vivant dans la communauté politique

Le second principe qui doit animer la réflexion utopiste est l'intégration du vivant dans les pratiques politiques.

Jusqu'à présent, la tradition occidentale a construit une conception du politique où s'opposent nature et culture. La *polis*, c'est précisément ce qui s'est élevé au-delà de la *phusis*. Or, dans la perspective des dérèglements climatiques, les utopies concrètes ont pour mission de remettre en question cette opposition. Il s'agit d'intégrer le vivant dans la tradition politique. Cela implique de repousser les limites de l'*oïkos*, de la communauté politique.

8. À l'instar de l'ensemble Debussy à la Courneuve construit dans les années soixante et détruit dès 1986.

Dès lors, ni le savoir des architectes ni celui des philosophes ne sauraient suffire pour imaginer de nouvelles utopies concrètes. Un déplacement dans l'imaginaire s'impose. Il faut désormais mobiliser non seulement les savoirs dédiés à l'étude de la nature et du vivant – de la biologie évolutive à l'éthologie – mais aussi les professions au contact de la nature, conscientes des dynamiques à l'œuvre – des forestiers aux pêcheurs.

Faire « parler le vivant » au sein de la communauté politique, cela suppose évidemment d'inventer une façon de le représenter. C'est peut-être là que l'imagination doit être au service de la pensée politique : comment y parvenir ?

## Penser avec le corps

Enfin, un dernier principe d'élaboration de la pensée utopiste doit être mentionné, c'est le rôle que joue l'expérience pour l'imagination. Imaginer un monde « à partir de rien » est une expérience vaine. Les utopies concrètes n'ont pas le luxe de s'égarer indéfiniment. Elles doivent permettre de tracer un cheminement politique viable.

En effet, Le Corbusier, Charles Fourier, Robert Owen ou Étienne Cabet ont d'abord été préoccupés par des considérations théoriques. Ils ont procédé de façon axiomatique à partir de principes qu'ils tentaient d'appliquer au réel. Le résultat, en général, a plutôt été désastreux. Si la « Maison du fada », comme les Marseillais désignaient la Cité radieuse (1952), a fini par séduire une certaine population gentrifiée dans les années 2000, la communauté de la New Harmony fondée par Owen en 1824 aux États-Unis, où « chacun est libre de travailler ou non[9] », s'est effondrée dès 1828.

Autrement dit, le renouveau de la pensée utopiste ne saurait s'accomplir à partir de seuls savoirs théoriques, mais exige de mobiliser des savoirs pratiques. Pour imaginer, cette fois, il faut inverser l'ordre entre la connaissance et la pratique, en « faisant pour comprendre, plutôt qu'en comprenant pour faire », selon la formule d'Yves Clot, clinicien du travail.

Aussi faut-il que ceux qui pensent ne se contentent pas de penser. S'ils doivent réinventer le rapport entre l'humanité et la nature, ils doivent nourrir leur imagination d'intuitions concrètes, inscrites dans le corps. Pour cheminer à nouveau avec Christophe Dejours, il faut reconnaître au corps, qui fait l'expérience du réel et de ses résistances, d'être la source originelle de l'imagination. La façon dont le forestier perçoit la sécheresse, les variétés d'arbres qui pourraient résister, ou les espèces qui sont condamnées, exige une longue imprégnation du corps dans cet environnement. Il faut avoir touché un

9. Michel Ragon, *Histoire de l'urbanisme et de l'architecture et de l'urbanisme moderne*, T. 1, Paris, Points, 2010, p. 83.

nombre incalculable de troncs, à des saisons différentes, après les pluies ou la sécheresse, pour évaluer la vitalité d'une forêt, le caractère pérenne du vivant : « C'est dans le corps lui-même que réside l'intelligence du monde et c'est d'abord par le corps que le sujet investit le monde pour le faire sien, pour l'habiter[10]. » Et ce qui est vrai du forestier, l'est évidemment de l'agriculteur, de l'architecte, de l'hydrologue, et même, du philosophe – si celui-ci se donne la peine d'éprouver la matérialité du réel. Ainsi, ce n'est qu'à partir de l'expérience du monde et de ses résistances que pourront naître les intuitions et les fulgurances à même d'orienter notre intelligence imaginative.

*

Le retour des utopies concrètes doit ainsi imaginer de nouvelles sociétés, non plus seulement pensées pour l'humanité, mais *écosystémiques.* Il ne s'agit plus de penser le règne de la culture sur le registre de la conquête ou de la domination de la nature, mais comme l'avènement d'une cohabitation avec le vivant. La pensée utopiste se voit ainsi imposer un nouveau programme : redéfinir la place de l'être humain dans son environnement, et le rôle de l'environnement dans la destinée de l'être humain. Cependant, les utopies

---

10. Christophe Dejours, *Travail vivant 2*, *op. cit.*, p. 23.

concrètes, pour parvenir à penser d'autres mondes possibles, ne sauraient reposer sur les seuls militants de la société civile. Il ne s'agit pas d'inventer des mondes pour quelques-uns, mais un monde pour tous. Dans ces conditions, non seulement les partis politiques et les syndicalistes doivent investir ce champ de réflexions pratiques pour ouvrir de nouveaux horizons, mais les utopies concrètes doivent aussi faire l'objet de financements par l'État. Ce serait là une façon de faire comprendre au corps politique tout entier que nous allons bel et bien changer de monde. La pensée politique doit ainsi transformer radicalement ses paradigmes de référence : quitter celui de l'*imperium* humain, lequel nous conduit à la ruine de la civilisation ; et imaginer celui des équilibres au sein du vivant, où l'humanité réinventerait ses façons d'exister sur Terre – ce que nous envisageons à travers le projet d'une *isopolitique*.

# PARTIE III

## Le vivant au secours de l'imaginaire

À ce stade de notre réflexion, nous pouvons identifier deux raisons structurelles à l'inaction climatique. Tout d'abord, *l'effondrement de la démocratie du travail* et, dans son sillage, la crise des déontologies professionnelles – lesquelles, en raison des modes d'organisation du travail néolibérales, sont à l'origine d'une *apolitia.* D'autre part, *l'absence d'imaginaire politique* susceptible de réorienter le destin de notre culture.

Si nous voulons retrouver une maîtrise de notre destin, il s'avère ainsi nécessaire de conjuguer ces deux questions dans un même mouvement. Et cela ne peut s'accomplir qu'en reprenant le chemin qui permet d'inventer toute nouvelle voie : *ce qui ne peut être pensé doit être imaginé.*

Cependant, un imaginaire politique capable de répondre aux défis climatiques ne peut plus se satisfaire d'une perspective anthropocentrée. Désormais, il doit s'inspirer des mécanismes du vivant et de son histoire pour renouveler notre façon d'habiter le monde.

En cela, le travail de déconstruction du discours néolibéral prônant l'adaptation doit se poursuivre sur un nouveau terrain : celui du vivant. Il s'agit de confronter la rhétorique néolibérale au réel de la science. En effet, si les mythes néolibéraux s'écrivent dans un champ lexical emprunté à la science – et à la biologie en particulier –, sont-ils véritablement fondés sur des bases scientifiques crédibles ? L'être humain peut-il vraiment « s'adapter » aux changements climatiques à venir ? Et s'affranchir des autres espèces du monde vivant en remplaçant la nature par des objets techniques pour qu'enfin sa survie ne dépende plus que de lui-même ?

Il est indispensable d'engager un travail critique de l'usage idéologique que les néolibéraux font de la science et du vivant. Car c'est bien au nom de la « science » que le néolibéralisme défend son mode d'organisation économique et politique comme celui d'un « progrès ». C'est au nom de ce prétendu progressisme qu'il renvoie toute forme d'alternative politique à un retour au « modèle amish [1] ». C'est encore au nom de la science que les idéologues du néolibéralisme entretiennent

---

1. Vincent Fagot, « Cédric O : "La France doit accélérer sur la 5G" », *Le Monde*, 15 septembre 2020.

sciemment le credo d'une science omnisciente, d'une *tekhnê* toute-puissante à laquelle il faudrait confier notre destin aveuglément pour qu'elle nous sauve des périls climatiques qui nous attendent.

Au-delà de la déconstruction des croyances technicistes, le dialogue avec le vivant est aussi porteur d'une promesse : celle d'amorcer une véritable réflexion sur la construction d'un monde à la fois durable et désirable, mais également ancré dans le réel. Le monde vivant, en effet, façonné par des milliards d'années d'évolution, a su inventer des solutions, travailler des équilibres et construire des coopérations, lui permettant de traverser les millénaires en dépit des nombreux accidents de l'histoire géologique. Ainsi, l'étude des mécanismes du monde vivant est riche d'enseignements et de leçons pratiques à même d'inspirer un nouvel imaginaire politique.

À travers l'étude du vivant, il ne s'agit pas seulement de renouveler notre vision du monde, mais aussi notre vision de l'homme. La compréhension des mécanismes du vivant doit ainsi permettre de forger une nouvelle forme d'anthropologie politique, où l'homme ne se définit plus par son opposition à la nature, mais par les équilibres qu'il veut construire avec elle – ce que nous désignons sous le terme programmatique d'*iso-politique*. En voici les contours.

## Chapitre 1

# Les leçons politiques du figuier et du blastophage

Dans le quartier de la Butte-aux-Cailles à Paris, face au jardin Brassaï, trône en majesté un vaste figuier, dominant les grands escaliers qui mènent à l'avenue Auguste-Blanqui. En automne, lorsque les figues en fleurs exhalent leur odeur enivrante, peu de passants imaginent que le figuier qu'ils viennent de croiser abrite une vaste diversité d'espèces et qu'il est le siège de relations complexes et conflictuelles – témoignages vivants des rapports d'interdépendances entre les espèces. Pourtant, le figuier au pied de nos immeubles a bien plus qu'une fonction ornementale : il est le point d'équilibre de tout un écosystème – un véritable « cosmos du vivant » dont l'ordonnancement est à la source de notre réflexion politique.

## À l'ombre des jeunes figues en fleurs

Le système de reproduction du figuier est un objet d'étude véritablement fascinant. À la différence des autres espèces de plantes à fleurs chez qui les fleurs s'ouvrent au grand air et sont accessibles – notamment aux insectes pollinisateurs –, les fleurs du figuier ne sont pas visibles directement : elles sont cachées au sein de la figue. En réalité, une figue est une inflorescence (un regroupement de fleurs) repliée sur elle-même, et peut contenir des centaines de petites fleurs [1].

Ainsi, pour les insectes pollinisateurs, le seul moyen d'accéder aux fleurs est d'entrer dans la figue par l'ostiole (un petit trou présent à l'extrémité du fruit). Ce processus de pollinisation est si spécifique qu'il n'existe qu'une espèce d'insecte, la guêpe du figuier (*blastophaga psenes)* – une petite guêpe du groupe des blastophages –, capable d'assurer la pollinisation. En échange, cet insecte peut profiter des fleurs de figues pour déposer ses œufs – les figues lui offrant alors une protection contre les agressions extérieures.

C'est là le premier enseignement du figuier : certaines espèces ne doivent leur survie qu'à l'action des autres. Sans cette coopération, ces deux espèces seraient condamnées. L'évolution des espèces ne peut donc être pensée qu'en termes de *co-évolution*. La relation symbiotique est, dans ce cas, la condition du vivant : grâce à la pollinisation du figuier accomplie par

1. Jacobus Theodorus Wiebes, « Co-Evolution of Figs and Their Insect Pollinators », *Annual Review of Ecology and Systematics*, vol. 10, 1979, p. 1-12.

le blastophage, d'autres figuiers pourront voir le jour, tandis que le blastophage ne peut se reproduire que s'il pond ses œufs au sein d'une figue.

*

À l'instar des figuiers et des blastophages, l'ensemble des espèces du monde vivant est également dépendant de réseaux de coopérations. Et l'espèce humaine ne fait pas exception : sans plantes capables de capter l'énergie solaire, pas de sources de nourriture et d'énergie ; sans bactéries du microbiote intestinal, pas d'hydrolyse de l'amidon[2] (un des composants principaux d'une baguette de pain ou d'une assiette de spaghettis). Ainsi, contrairement à ce que veulent nous faire croire les mythes néolibéraux, l'humanité n'est ni autonome, ni indépendante de son milieu de vie. La co-évolution ne vaut pas seulement pour le figuier et le blastophage : elle vaut pour toutes les espèces, y compris l'espèce humaine.

## Renoncements et équilibres

Poursuivons notre étude des relations entre figuiers et blastophages. Sous une apparence de coopération et de concorde se cachent des relations bien plus complexes

2. Filipe Cerqueira, Amanda Photenhauer, Rebecca Pollet et Nicole Koropatkin, « Starch digestion by gut bacteria : crowdsourcing for carbs », *Trends in Microbiology*, vol. 28, 2020, p. 95-108.

et tumultueuses. En effet, lorsqu'un blastophage pond dans une fleur de figuier, la pollinisation n'est plus possible et la fleur ne pourra plus donner de graine. À l'inverse, une figue pollinisée n'offre pas les conditions adéquates pour permettre la ponte et le développement des larves de blastophage. Il semble ainsi s'établir une sorte de *conflit* entre les deux espèces, les figuiers ayant intérêt à ce que les figues soient le plus souvent possible pollinisées pour donner des fruits et des graines, et les blastophages cherchant à maximiser le nombre d'œufs pondus au détriment de l'arbre fruitier[3].

Toutefois, c'est un conflit qui ne peut avoir de vainqueur : une espèce de figuier qui développerait la capacité d'empêcher tous les insectes de pondre dans ses fleurs entraînerait, à terme, l'extinction complète de l'espèce de blastophage dont il dépend pour sa pollinisation, de sorte que cette espèce de figuier disparaîtrait à son tour. Inversement, une espèce de blastophage qui optimiserait la ponte de ses œufs au point de ne plus remplir sa tâche de pollinisation se retrouverait rapidement sans figues pour accueillir ses œufs. Il est d'ailleurs très probable que le cas de figure d'un figuier ou d'un blastophage égoïste, maximisant ses performances, se

3. Marie Charlotte Anstett, Martine Hossaert-McKey et Finn Kjellberg, « Figs and fig pollinators : evolutionary conflicts in a coevoled mutualism », *Trends in Ecology & Evolution,* vol. 12, nº 3, 1997, p. 94-99.

soit présenté au cours de l'évolution. Les représentants de ces espèces, précurseurs de la *doxa* néolibérale, ne sont toutefois plus de ce monde et ce n'est que par leur absence qu'ils témoignent de l'impasse que constituent ces modes de vie à courte vue.

*

C'est là le *second enseignement du figuier et du blastophage* : dans le règne de la nature, la survie des espèces nécessite des *renoncements.*

La pensée néolibérale, *a contrario*, croit possible de lutter contre ces formes de finitude. Elle soutient ainsi l'idée qu'il est possible de substituer aux mécanismes naturels du renoncement, qui maintiennent les équilibres du vivant, un principe de compensation. Ce dernier a évidemment pris la forme d'un marché – *what else ?* –, où le « droit à polluer » est devenu l'objet d'une transaction favorisant, au passage, l'enrichissement d'entreprises polluantes[4]. Voilà, en effet, la solution inventée par les néolibéraux pour esquiver les finitudes écologiques du monde : prétendre que les émissions de $CO_2$ et la destruction de la nature peuvent faire l'objet de compensations. Dans cette logique, la nature est

4. Guillaume Delacroix, Emmanuelle Picaud et Luc Martinon, « Comment les entreprises polluantes ont transformé les quotas gratuits de $CO_2$ en un marché de plusieurs milliards d'euros », *Le Monde*, 30 mai 2023.

réduite à des modèles mathématiques, lesquels favorisent des équations mensongères, comme le fait de prétendre pouvoir remplacer des forêts françaises de chênes centenaires par la plantation de jeunes arbres n'importe où ailleurs dans le monde[5]. Ce jeu des équivalences abstraites, où l'achat d'un Hummer de quatre tonnes pourrait être compensé par une centaine d'arbres plantés, permet ainsi d'esquiver ce qui maintient les équilibres du vivant : la nécessité d'un renoncement.

## Un cosmos peut en cacher un autre

Les scientifiques, à la différence des néolibéraux, ne croient pas à la toute-puissance de la science, ni aux pouvoirs illimités de la technique. Non seulement ils doutent – c'est d'ailleurs le cœur de leur métier – mais aussi ils progressent toujours avec prudence, conscients du caractère partiel de leurs connaissances. C'est là, encore une fois, une leçon du figuier et de son écosystème. En effet, en enfermant des figues dans des sacs hermétiques afin de recueillir les blastophages qui y auraient pondu, des scientifiques ont obtenu un résultat surprenant : en plus des blastophages, ils ont découvert que de nombreuses autres espèces de petits hyménoptères (des guêpes), attirées par l'odeur de la

5. Julia P. G. Jones et Simon L. Lewis, « Forest carbon offsets are failing », *Science,* vol. 381, 2023, p. 830-831.

figue et par la nourriture et l'abri protecteur qu'elle offre aux larves d'insectes, avaient développé la capacité de pondre dans les fleurs de figues[6].

Pour la plupart, ces espèces parasites ne rentrent pas dans la figue mais se contentent de déposer leurs œufs dans les fleurs depuis l'extérieur, transperçant la paroi du fruit à l'aide d'un long tube appelé « ovipositeur ». Ainsi, ces espèces parasites profitent de l'abri offert par la figue mais ne pollinisent pas les fleurs du figuier. Pour certaines espèces de parasites, les larves de blastophage se développant dans la figue sont même une source de nourriture supplémentaire.

Par ailleurs, il a aussi été observé que de nombreuses espèces de fourmis vivaient en partie aux dépens du figuier et de son pollinisateur. Puisque les figues concentrent de très nombreux insectes à plusieurs périodes de l'année (au moment de la ponte, et au moment de l'émergence des larves matures), elles constituent un terrain de chasse de choix pour des prédateurs se nourrissant de petits insectes. D'autant que les figues fournissent également d'autres sources de nourritures que les fourmis peuvent exploiter (des substances sucrées sécrétées par la figue, ou par des petits pucerons se nourrissant eux-mêmes de la sève du figuier).

6. Renee Borges, « How to be a fig wasp parasite on the fig-fig wasp mutualism », *Current Opinion in Insect Science*, vol. 8, 2015, p. 34-40.

On pourrait penser, à ce stade, que la science peut établir avec précision les mécanismes qui permettent d'entretenir et de maintenir cet écosystème. Or, précisément, les figuiers ne s'insèrent pas dans un seul écosystème, mais dans une multitude de mécanismes du vivant qui échappent à notre connaissance. Ainsi la figue est-elle essentielle à la survie de plusieurs espèces de chauves-souris, de primates, et d'oiseaux – dont certaines espèces se nourrissent exclusivement, notamment dans des écosystèmes tropicaux où l'arbre produit des fruits toute l'année[7]. Et les feuilles de figuiers servent aussi de nourriture pour de nombreuses chenilles. Et l'on découvre, chaque fois que la science progresse, qu'autour des figuiers gravite un bestiaire toujours plus riche qui échappe au regard et à la connaissance de l'homme.

*

Voici donc le troisième enseignement du figuier : on ne sait jamais jusqu'où s'étendent les rapports de dépendance entre espèces au sein d'un écosystème. La complexité des mécanismes du vivant enseigne ainsi, à ceux qui l'étudient, humilité et patience. Un cosmos

---

7. Bertrand Schatz, Magali Proffit, Finn Kjellberg et Martine Hossaert-McKey, « Un réseau trophique complexe : le cas des figuiers », *in* Paul-André Calatayud, Frédéric Marion-Poll, Nicolas Sauvion et Denis Thiéry (dir.), *Interactions insectes-plantes*, Marseille/Versailles, IRD Éditions/Éditions Quae, 2013.

peut en cacher un autre – et notre connaissance des écosystèmes n'est toujours qu'une description partielle des mécanismes incroyablement nombreux, imprévisibles et miraculeux du vivant.

Cette humilité, l'économie mondialisée l'ignore délibérément, à ses risques et périls. Face à l'extinction massive des espèces, elle oppose une croyance techniciste selon laquelle de nouvelles innovations techniques seront un jour susceptibles de remplacer le rôle joué par les espèces dans les mécanismes de reproduction. Ainsi, l'arrogance de ces économistes va jusqu'à soutenir qu'il sera possible d'artificialiser les mécanismes de pollinisation à l'aide de machines[8].

En ce sens, ils s'appuient sur une fiction selon laquelle le vivant serait lui-même semblable à une machine. C'est, en effet, à partir de cette conception machiniste de la nature qu'ils se prennent à penser que lorsqu'une pièce devient défectueuse, il suffirait de la remplacer. Et l'on voit ainsi apparaître la parenté avec la croyance profonde du néolibéralisme gestionnaire, à savoir que le réel pourrait être entièrement mathématisable et « gouvernable par les nombres[9] ». Une espèce qui disparaît, c'est un drone qui la remplace.

---

8. Svetlana Chechetka, Yue Yu, Masayoshi Tange et Eijiro Miyako, « Materially Engineered Artificial Pollinators », *Chem*, vol. 2, n° 2, 2017, p. 224-239.

9. Alain Supiot, *La Gouvernance par les nombres*, Paris, Fayard, 2014.

Mais, précisément, comme le soulignent de nombreux biologistes tels que Thomas Heams[10], le vivant n'est pas une machine, ni même un programme. Sa représentation mathématique n'est toujours qu'une image partielle de la complexité du réel : pour reprendre la formule du statisticien Georges Box, « tous les modèles sont faux, mais certains sont utiles[11] ». En vérité, tout comme l'humanité ne pourra jamais polliniser les fleurs à la place des abeilles avec des drones, elle ne pourra pas non plus pénétrer dans la figue avec l'art et la maîtrise d'un blastophage. Le mythe techniciste selon lequel nous pourrions « manipuler » le vivant et le remplacer sur un modèle machiniste ou cybernétique est précisément... un *mythe*. La complexité des écosystèmes étudiés par le biologiste témoigne d'une réalité que les néolibéraux ne veulent pas entendre : le vivant n'est pas remplaçable.

## Les paris irrationnels du néolibéralisme

À la lumière des leçons du figuier et du blastophage, on mesure mieux la démesure qui anime les visions politiques du monde actuel. Si Mallarmé se plaisait à

10. Thomas Heams, *Infravies. Le vivant sans frontières*, Paris, Seuil, 2010.

11. George Box, « Robustness in the strategy of scientific model building », *in* Robert Launer et Graham Wilkinson (dir), *Robustness in Statistics*, Cambridge (Massachussetts), *Academic Press*, 1979.

dire qu'« un coup de dés jamais n'abolira le hasard », on peut considérer à l'inverse que les politiques néolibérales le renforcent chaque jour. Comme le souligne l'IPBES [12], parmi les huit millions d'espèces qu'on estime présentes sur terre, un million sont déjà menacées d'extinction. Et l'érosion de la biodiversité a des conséquences dramatiques sur nos conditions de vie. En effet, l'IPBES estime que 35 des 44 objectifs de développement durable définis par l'ONU (concernant la faim dans le monde, la lutte contre la pauvreté, la santé et le bien-être, l'accès à l'eau...) sont compromis par la vague d'extinction d'espèces en cours, et ne seront pas atteints si les tendances actuelles se poursuivent.

Dans ce grand réseau d'interactions complexes qu'est le vivant, chaque espèce occupe un espace et un rôle définis. S'il est impossible de remplacer par un drone une espèce qui disparaît, cette disparition peut s'avérer profitable pour d'autres espèces – au risque d'une perturbation spectaculaire des écosystèmes.

---

12. S. Díaz, J. Settele, E. S. Brondízio, H. T. Ngo, M. Guèze, J. Agard, A. Arneth, P. Balvanera, K. A. Brauman, S. H. M. Butchart, K. M. A. Chan, L. A. Garibaldi, K. Ichii, J. Liu, S. M. Subramanian, G. F. Midgley, P. Miloslavich, Z. Molnár, D. Obura, A. Pfaff, S. Polasky, A. Purvis, J. Razzaque, B. Reyers, R. Roy Chowdhury, Y. J. Shin, I. J. Visseren-Hamakers, K. J. Willis et C. N. Zayas, « Summary for policymakers of the global assessment report on biodiversity and ecosystem services of the Intergovernmental Science-Policy Platform on Biodiversity and Ecosystem Services », Bonn, IPBES secretariat, 2022.

Prenons l'exemple de la fourmi charpentière. Cette espèce est bien connue pour son activité de recyclage des déchets produits par les végétaux morts. Or, si elle venait à disparaître, elle laisserait une ressource disponible qu'une autre espèce pourrait potentiellement exploiter. On parle alors de « niche écologique vacante ». Cette niche écologique, à terme, sera nécessairement occupée par une autre espèce, laquelle utilisera cette ressource désormais inexploitée. Si la niche écologique laissée vacante par la fourmi charpentière venait à être occupée par une espèce particulièrement agressive – qui en plus de consommer le bois mort s'attaquerait également aux arbres vivants, par exemple –, on pourrait alors assister à la déstabilisation de l'ensemble des écosystèmes dont la fourmi charpentière faisait partie. Enfin, une autre conséquence qu'aurait la disparition de la fourmi charpentière serait que certaines espèces – les proies de la fourmi charpentière –, laissées sans prédateurs, pourraient proliférer. Ainsi, la disparition d'une seule espèce est capable de déstabiliser tout un écosystème et d'entraîner des réactions en chaîne jusqu'à ce qu'un nouvel équilibre soit atteint.

*

La biodiversité joue donc un rôle protecteur, un rôle de bouclier pour l'ensemble des espèces de l'écosystème contre l'invasion d'espèces potentiellement néfastes.

Personne ne peut prédire quelle serait la place de l'homme dans un monde où 40 ou 50 % des espèces vivant aujourd'hui auraient disparu, comme le prédisent les modèles les plus pessimistes. En maintenant son modèle d'exploitation du vivant, l'économie mondiale joue constamment aux dés, au risque d'engendrer dans les écosystèmes des conséquences dévastatrices.

## La réalité évolutive de l'adaptation

Enfin, si nous devions prendre au sérieux le mot d'ordre néolibéral de l'adaptation, il faudrait le confronter à sa traduction biologique.

De ce point de vue, il est nécessaire de rappeler à la pensée économique dans quelle temporalité elle entraîne l'humanité pour que celle-ci « s'adapte » aux dérèglements à venir. En réalité, nous sommes déjà le résultat d'une adaptation, dont l'un des tournants majeurs a eu lieu il y a 252 millions d'années, lors de la crise Permien-Trias ayant entraîné la disparition de 95 % des espèces marines et 70 % des vertébrés[13]. À celle-ci, il faut ajouter la crise Crétacé-Paléogène, il y a 65 millions d'années, laquelle avait provoqué la disparition d'environ 75 % des espèces du globe et notamment de la majorité des dinosaures, laissant la place libre

13. M. J. Benton, *When Life Nearly Died: The Greatest Mass Extinction of All Time*, Londres, Thames & Hudson, 2005.

pour le développement des grands mammifères dont nous sommes de lointains descendants.

D'un point de vue génétique, l'évolution des espèces et leur adaptation se font par des changements qui sont par nature lents et très progressifs. En effet, l'information génétique est transmise des parents vers leurs descendants avec de très légères modifications – chez l'humain, par exemple, parmi les 3 milliards de paires de base du génome, on compte en moyenne une cinquantaine de nouvelles mutations à chaque génération [14]. Ces mutations sont le moteur de l'évolution des espèces. La probabilité d'apparition d'une mutation permettant une adaptation à un changement environnemental est donc excessivement faible et nécessitera de nombreuses générations – pour ne pas dire une éternité, au regard d'une vie humaine. Suite à la crise Permien-Trias, par exemple, il a fallu pas moins de 100 millions d'années pour retrouver un niveau de biodiversité similaire à celui d'avant la crise [15].

---

14. Jared Roach, Gustavo Glusman, Arian Smit, Chad Huff, Robert Hubley, Paul Shannon, Lee Rowen, Krishna Pant, Nathan Goodman, Michael Bamshad, Jay Shendure, Radoje Drmanac, Lynn Jorde, Leroy Hood, David Galas, « Analysis of genetic inheritance in a family quartet by whole-genome sequencing », *Science*, vol. 30, 2010, p. 636-639.

15. Michael Benton, Richard Twitchett, « How to kill (almost) all life : the end-Permian extinction event », *Trends in Ecology & Evolution*, vol. 18, 2003, p. 358-365.

Ainsi, même si chaque nouvelle génération produit des individus légèrement différents de leurs parents, parmi lesquels un nombre imprévisible sera « mieux adapté » à son milieu, ce temps de l'évolution de l'espèce est radicalement différent de celui des dérèglements climatiques en cours. Autrement dit, il faudrait des milliers – voire des millions d'années – pour que l'humanité soit « adaptée » aux changements climatiques qui auront lieu dans les prochaines décennies. Cette adaptation serait ainsi nécessairement trop lente, de sorte que les changements environnementaux font peser le risque, à terme, de la disparition de l'espèce humaine.

L'adaptation, au regard des dynamiques évolutives réelles, est donc une fiction. Une façon d'organiser le déni du tragique destin auquel elle condamne l'humanité, en sanctifiant la toute-puissance supposée de la technique. D'un point de vue biologique, elle signifie avant toute chose l'entrée de l'humanité dans une nouvelle temporalité : celle d'un vivant inadapté à son environnement.

# Chapitre 2
## Fondements et principes d'une *isopolitique*

À la lumière des analyses des mécanismes du vivant, une question subsiste : comment s'en inspirer pour fonder un nouvel imaginaire politique ?

Le premier pas à accomplir, dans cette perspective, consiste à repenser les rapports entre économie et écologie. Il est à noter que ces deux concepts ont une même origine étymologique – l'éco renvoyant à l'*oikos*, c'est-à-dire à la « maisonnée [1] ». Or, la « maisonnée » de l'écologie ne coïncide pas avec celle de l'économie. L'homme et le vivant, dans ces paradigmes respectifs, n'habitent pas la même maison. Quand l'écologie veut comprendre et étudier le vivant, l'économie s'interroge sur son exploitation et sa marchandisation.

Le concept d'*isopolitique*, que nous soumettons à la réflexion collective, exige précisément de déplacer les frontières, en élargissant les paradigmes aux objets

---

1. Aurélie Damet, « Les mots et les membres de la famille », *in* Aurélie Damet, Philippe Moreau (dir.), *Famille et société dans le monde grec et en Italie.* V^e^ *s. av. J.-C.-*II^e^ *s. av. J.-C.*, Paris, Armand Colin, 2019, p. 31-38.

qu'ils ne veulent pas penser. Construire une politique des équilibres suppose un effort d'imagination pour considérer l'activité humaine d'un point de vue biologique et non anthropocentré. L'économie politique, particulièrement, qui rechigne à reconnaître le principe d'une *co-évolution* des espèces, manque de reconnaître combien le destin de l'humanité est arrimé à celui des autres espèces. Or, c'est tout l'enjeu de l'*isopolitique*: repenser la définition de l'*oïkos* en y intégrant le vivant. C'est là, en effet, que le travail de l'imagination entre en jeu : comment faire du vivant non plus un objet d'étude, mais un sujet de droit ? Comment l'intégrer dans nos représentations politiques ? Et même, comment le faire participer à notre vie démocratique, dans une sorte de « parlement des vivants », en lui reconnaissant le rôle politique qu'il joue pour la survie de notre espèce ?

## Le vivant aussi « travaille »

Le premier déplacement à accomplir pour stimuler notre imaginaire politique, est de considérer que le vivant « travaille ». Certes, l'analogie entre notre activité et celle des espèces relève de l'anthropomorphisme. Mais elle permet de mettre en évidence les contributions du vivant au maintien de notre espèce. L'IPBES parle, à juste titre, de « services écosystémiques » pour désigner les contributions que la nature apporte à l'humanité : « contributions régulatrices, matérielles et spirituelles[2] ».

En cela, l'imaginaire politique doit s'inspirer des *coopérations* déjà existantes entre espèces pour en inventer de nouvelles. La relation entre l'humain et le rat en ville en est un exemple célèbre. Chaque rongeur, en effet, mange 25 grammes de déchets par jour, pour un total de 9 kilogrammes sur son cycle de vie – la durée de vie d'un rat étant environ d'un an. Les rats traiteraient ainsi l'équivalent de 34 000 tonnes de déchets par an sur une ville comme Paris – la population de rats étant estimée à 3,4 millions[3]. Sans eux, donc, les égouts de Paris seraient saturés en quelques semaines.

Cette coopération est bien connue des égoutiers de Paris. Ainsi, lorsque des élus réclament leur éradication complète, ils se font les porte-parole de l'espèce humaine, ignorant le travail réalisé par les rongeurs et qu'aucune machine ni aucun corps de métier ne pourraient accomplir à leur place. La reconnaissance de cette symbiose entre le rat et la ville conduit ainsi à repenser le sens du travail productif. À la conception strictement économique qui consiste aujourd'hui à travailler *contre* le vivant, en l'inscrivant dans les seules visées de

2. S. Díaz *et alii*, « Summary for policymakers of the global assessment report... », art. cit.

3. Blandine Le Cain, « Mal-aimés, les rats savent aussi se rendre utiles », *Le Figaro*, 8 décembre 2016.

l'exploitation et de la marchandisation, s'oppose une conception du travail *avec* le vivant, fondée sur la reconnaissance des interdépendances entre les espèces.

Ainsi, l'imaginaire politique a pour mission, non seulement de faire apparaître ces contributions du vivant à la vie politique, mais aussi d'initier de nouvelles formes de coopération avec lui.

## Imaginer un « parlement des vivants »

Le second chantier à mener pour renouveler notre imaginaire politique concerne notre capacité à inventer des formes de participation du vivant aux processus décisionnels démocratiques. Comment reconnaître au vivant une place dans la *polis* ? Comment initier, concrètement, un « parlement des vivants » ?

Pour le moment, les espèces ont un statut semblable à celui des sans-papiers : elles travaillent, contribuent à la vie de la cité, mais on ne leur reconnaît pas pour autant de droits civiques.

Toutefois la prise en compte du vivant progresse – peut-être plus rapidement que celles des sans-papiers. Ainsi, on voit poindre dans certains secteurs d'activité de nouvelles pratiques démocratiques où les intérêts du vivant participent des décisions politiques. Dans le domaine de l'éclairage public, en effet, les maires et les collectivités s'intéressent désormais aux effets de la lumière sur les écosystèmes. En effet, lorsqu'un projet d'éclairage public est envisagé, des études d'impact sont commandées à des écologues. Ceux-ci, d'une certaine manière, se font les représentants des espèces locales. Ils tentent, à partir de leurs observations de terrain, de décrire les espèces qui vivent sur un territoire, dans l'espace urbain ou péri-urbain, présentant leurs hypothèses aux élus.

Le travail de « conception lumière » s'en trouve ainsi modifié. On réfléchit alors à la gamme chromatique des éclairages utilisés, de façon à ne pas perturber les perceptions de la faune locale ; on modifie l'intensité des éclairages ; on privilégie un éclairage au sol, ou des mats de faible hauteur, de façon à ne pas envahir le ciel ; on renonce, enfin, lorsque cela est possible, à éclairer l'espace public pendant l'intégralité de la nuit, dessinant ainsi une trame noire.

Ce dont témoigne cet exemple, c'est d'une part du renoncement à un anthropocentrisme forcené, en tenant compte d'un intérêt des espèces potentiellement différent de ceux de l'homme. D'autre part, d'un renouvellement des pratiques démocratiques par lesquelles la « parole des vivants » s'exprime à travers ceux qui veulent bien se faire leurs représentants.

## Dialoguer avec les générations futures

L'*isopolitique* exige un dernier effort d'imagination : inventer un dialogue avec ceux qui viendront après nous, qui ne sont pas encore là, et pour lesquels nous opérons des choix qui engageront leurs existences. Comment, en effet, dialoguer avec les générations futures ? Comment construire des équilibres générationnels qui préserveraient l'avenir de l'humanité à venir, sans la réduire au dictat de l'adaptation ?

En effet, nous sommes arrivés au terme d'un processus où les mécanismes d'inertie rendent les changements en cours irréversibles. Un moment de bascule où les dérèglements climatiques s'inscrivent dans une temporalité qui dépasse même tous les repères humains – une temporalité d'ordre géologique et biologique, aussi ample que les grandes crises qui ont, à de multiples reprises, radicalement redéfini les conditions de la vie sur Terre.

Les responsables politiques ne décident plus seulement pour leur électorat : ils engagent, à chaque décision, l'ensemble des générations futures. Des millions, des milliards d'individus pour lesquels le destin du climat et du vivant a été décidé sans leur consentement.

Qui rendra compte de l'exploitation des énergies fossiles jusqu'à la dernière goutte de pétrole ? Quel dirigeant actuel aura le courage de se reconnaître responsable non pas seulement devant le corps citoyen – avec cette « responsabilité » ridicule qui consiste à perdre un mandat – mais aussi devant les générations futures ?

Jusqu'à présent, cependant, il n'existe pas de justice générationnelle. Il existe bien des États, comme celui du Montana aux États-Unis, où la Constitution stipule le droit de ses habitants à disposer d'un « environnement propre et sain » et qu'ils se doivent de préserver « pour les générations futures [4] ». Ce droit des générations, pour l'instant, n'est qu'un « droit de papier ». Il est aussi déclaratif et bafoué que la Déclaration des droits de l'homme. Pour autant, il ouvre un champ de réflexion indispensable pour amorcer la révolution anthropologique qui nous attend.

Pour qu'une justice générationnelle voie le jour, il faudrait précisément inscrire les principes d'une *iso-politique*, c'est-à-dire la reconnaissance d'un principe d'équilibre et de mesure, dans le rapport des hommes au vivant, avec, à l'esprit, le devenir des générations qui viennent. La Terre n'appartient pas seulement à ceux qui peuvent en disposer : elle appartient aussi à ceux qui en disposeront. Ainsi en est-il de tout patrimoine. C'est l'enjeu du travail de l'imagination : penser ce dont les générations futures n'hériteront pas ; et imaginer, comme si nous étions à leurs places, ce qu'elles auraient préservé si elles avaient été à la nôtre.

---

4. Arnaud Leparmentier, « Réchauffement climatique : pourquoi seize jeunes Américains ont attaqué l'État du Montana », *Le Monde,* 21 juin 2023.

Dans cette perspective, un droit générationnel à exister dans un monde écologiquement responsable et durable est la condition minimale pour réarticuler nos pratiques politiques à des principes de justice. Après tout, on voit mal pour quelles raisons il faudrait renoncer à qualifier l'inaction climatique de « crime contre l'humanité », quand ceux qui choisissent délibérément de sacrifier le futur de générations à l'aune de leurs profits ont une pleine conscience des conséquences de leurs actes. On peut rêver. Mais une idée juste finit toujours par germer.

# Conclusion
# À la fin du monde, il fera beau

Pourquoi ne se passe-t-il rien, ou si peu, au regard de la catastrophe annoncée ?

Cette énigme, nous l'éprouvons chaque jour, dans nos activités d'enseignants, de chercheurs, de militants. Il y a bien des colloques, des réunions, des lignes ajoutées dans les programmes politiques qui portent sur ces questions. Mais le gouffre avec la réalité des dérèglements climatiques demeure abyssal.

Devant nous, dans nos salles de cours, nous côtoyons une jeunesse qui n'a pas encore pris conscience que le monde auquel on la prépare n'existera plus. Dans nos échanges avec ces générations « d'en dessous », et même au sein de notre propre génération, lorsque nous alertons sur les grands dérèglements qui nous attendent, les regards s'éteignent, les sourcils se froncent, et très vite, nous voilà renvoyés au rôle de prophètes de malheur.

Quant aux forces politiques que nous côtoyons – des partis aux syndicats –, celles-ci ne sont plus animées par le même élan humaniste qui a présidé à leurs fondations. Elles ne sont plus habitées par le même sentiment de révolte qui les a poussées à imaginer d'autres horizons politiques. Le désir de justice n'est plus leur moteur historique. *In fine*, elles se sont converties au « réalisme » économique de la doctrine néolibérale – parfois sans même en avoir conscience.

Le mot d'ordre de l'adaptation a ainsi déjà trouvé son pendant politique : ceux qui se préparent aux sacrifices qu'on leur imposera sont déjà prêts à glorifier leur abnégation au nom de la « *résilience* ». Le vocable ne désigne plus le travail psychique qu'accomplit une victime pour dépasser son traumatisme – dans la perspective du psychiatre Boris Cyrulnik, auteur du concept. Il est devenu, au contraire, l'éloge de la *résignation*. La résilience, en vérité, n'est qu'un synonyme de plus de la soumission. L'idée qu'il faudra morfler sans broncher – et peut-être même, avec le sourire. Une société « résiliente », c'est ainsi une société qui se prépare à bousiller son environnement, à sacrifier le vivant et une partie de l'humanité et à pourrir les conditions d'existence des générations futures sans remords, afin de maintenir les vagues privilèges consuméristes qu'elle entend présenter comme l'acmé de la civilisation.

## Le paradoxe de la finitude

Dans cet essai, deux visions du monde se font face. La première est celle du néolibéralisme. Elle prétend que l'essence de l'humanité s'accomplit au travers de sa lutte contre toutes les formes de finitude. Elle veut abolir la mort, multiplier la quantité de vécu possible en recourant à des avatars, échapper aux déterminismes naturels en transformant les corps. Pour y parvenir, elle est contrainte de mobiliser une quantité d'énergie incommensurable. Le prix de la liberté se révèle ainsi très élevé : il exige de renoncer à un environnement habitable. Dès lors, la pensée néolibérale est confrontée au paradoxe suivant : sa lutte contre la finitude la conduit tout droit à un monde d'enfermement. Pour survivre dans un monde inhabitable, les chemins de l'adaptation conduisent inexorablement à des mondes artificiels ou confinés. Son avenir n'est plus alors qu'une interminable course à la captation d'énergie disponible pour recréer artificiellement la nature.

En face d'elle se tient le monde du vivant. Un monde conscient du caractère fini de chaque être et de chaque espèce. Un monde capable de renoncer à la démesure et d'inventer des équilibres inédits. Le vivant, à l'inverse de la logique néolibérale, se retrouve ainsi autrement confronté au paradoxe de la finitude : la reconnaissance de ses propres limites lui ouvre la voie à une infinité de possibilités. Le vivant, en effet, se nourrit de la diversité des espèces, des individus, dans un mouvement de perpétuelle création. Sa logique, pour reprendre le mot de Bergson, est celle d'une *évolution créatrice.*

Le paradoxe de la finitude, ainsi posé, permet de mettre en lumière la contradiction qui oppose la logique néolibérale à la logique du vivant : d'un côté, un désir d'infini qui conduit à un univers d'enfermement ; de l'autre, une conscience des limites qui ouvre la voie à l'infinie diversité créatrice du vivant.

Dans cette étrange symétrie, où la condition humaine se tient sur une crête, nous avons voulu renouer, tout au long de notre réflexion, avec la part de l'humanité qui nous semble la plus à même de faire pencher la balance du côté de la vitalité créatrice, à savoir la puissance de notre imagination. C'est par cette faculté créatrice que l'humanité dépassera sa propre finitude, en s'inscrivant dans le cycle des générations. C'est en imaginant de nouvelles promesses de beauté, à l'instar du vivant, qu'apparaîtront de nouveaux horizons. Aussi est-il temps d'affirmer, pastichant Marx [1], qu'il ne s'agit plus de transformer le monde, mais d'en imaginer d'autres possibles.

1. Karl Marx, *Ad Feuerbach, in* Karl Marx, *Philosophie,* Paris, Folio, 1994.

## Le meilleur des mondes possibles

Peut-on encore imaginer de nouveaux mondes ? En a-t-on seulement le désir ?

Tout au long de cet essai, un dialogue s'est noué avec le « *boomisme* » et ceux qui s'en réclament ouvertement, ou silencieusement. On reconnaît ainsi le *boomer* à sa sérénité historique. À ses yeux (d'aveuglé), il n'y a pas de raison de renoncer à la société telle que nous la connaissons. Dans sa version sépia, années 1960, l'imaginaire commercial de la décennie le mettait en scène en train de jouir innocemment de son camping-car intégralement équipé. Il pouvait ainsi s'offrir à tout moment et partout dans le monde une autonomie énergétique à même de satisfaire ses nouveaux besoins primordiaux en boissons fraîches, en lave-linge et en plaques de cuisson pour tester ses nouveaux steaks surgelés. Devant les gorges du Grand Cayon, ou sur des rivages les plus sauvages des continents, il avait le sentiment de trimbaler avec lui la pointe de la civilisation, se délectant du spectacle de la nature avec le même confort que dans son canapé devant la télé de la maison. Il incarnait alors parfaitement le fonds anthropologique de l'Occident, tel que le décrit Claude Lévi-Strauss, à savoir une définition de la civilisation déterminée par « la quantité d'énergie disponible par tête d'habitant[2] ».

2. Claude Lévi-Strauss, *Race et histoire* (1952), Paris, Gallimard, « Folio », 2007, p. 36.

Six décennies plus tard, cette quantité d'énergie disponible par « tête d'habitant » a considérablement augmenté, au point d'avoir déstabilisé définitivement les repères climatiques. Mais alors que la bascule irréversible est en train d'avoir lieu, et que l'extinction du vivant met en jeu sa propre survie, le *boomer* ne renonce pas à son modèle de « développement ». Son nouvel imaginaire l'encourage même à prendre l'avion comme on prend le métro. Sur sa carte isochrone, le *boomer* constate désormais qu'il met moins de temps pour accomplir un Paris-Londres que pour sortir des bouchons parisiens. Aussi le monde actuel est-il à ses yeux le meilleur des mondes possibles. Le *boomer* en conclut ainsi que ce n'est pas l'organisation de la société qu'il faut transformer, mais l'humanité, qui doit apprendre à *s'adapter* – ce qui signifie, dans son registre, qu'il faut à tout prix mobiliser la planète tout entière pour qu'il puisse continuer à « vivre et penser comme un porc », selon la formule soyeuse de Gilles Châtelet[3].

Ce qui caractérise par excellence le « *boomisme* », c'est donc bien ce refus de *penser* l'avenir. Sa seule espérance – qu'il croit tenir fermement secrète – est d'échapper, le temps de son existence, aux catastrophes climatiques à venir. Le *boomer*, on l'aura compris, n'est pas seulement

3. Gilles Châtelet, *Vivre et penser comme des porcs*, Paris, Gallimard, « Folio », 1999.

une strate démographique qui aura joui sans limites des ressources planétaires. C'est d'abord celui qui considère qu'un autre monde est impossible. Pire, c'est celui qui est convaincu de vivre dans le meilleur des mondes possibles.

Dans cette perspective, le *boomer* n'a pas d'âge. Il vit de ses fictions technicistes. De ses rêves d'adaptation. Il adhère sans réfléchir aux mythes de l'imaginaire politique néolibéral. Il croit fermement que, face aux catastrophes, la science et la technique trouveront toujours des solutions. Il a l'empathie limitée. La vision historique nulle. Il se refuse de penser l'avenir – et même, son propre avenir. Le *boomer*, en définitive, fait émerger une terrifiante vérité anthropologique : celle d'une humanité prête à sacrifier son environnement, les espèces de la flore et de la faune, ainsi que sa propre filiation, au nom de sa jouissance individuelle. Oui, *le* boomer *se préfère à ses enfants*. Le *boomer*, quel que soit son âge, c'est celui qui veut « aussi sa part ».

Dans quelques décennies – peut-être même bien avant, dans quelques années –, lorsque les dérèglements climatiques auront révélé l'avenir malthusien qui attend l'humanité, le *boomer* soutiendra sans trembler la main punitive de la raison d'État. Il répétera inlassablement la propagande qui se profile déjà, celle qui rangera tous les opposants dans le registre des « ultra » et du « terrorisme ». Les « coupables », dans un avenir proche, seront tous ceux qui refusent de « s'adapter ». Et dans cette nouvelle guerre de tous contre tous, il mettra toute son énergie au service d'une nouvelle biopolitique autoritaire – du contrôle de la sexualité et des naissances à la captation des ressources vitales – en considérant que la mise à disposition des moyens de l'État pour la défense des intérêts des grandes compagnies énergétiques et industrielles est un usage légitime de la violence. Et face aux migrations de masse, dans un monde qui aura restauré au-delà de l'imaginable son attachement aux frontières, on peut prédire, sans trop se tromper, que le XXIe siècle signera le retour d'un monde de camps.

*

Peut-on poursuivre indéfiniment dans cette voie ? De nombreux militants de la cause écologiste sont aujourd'hui convaincus que la lutte est perdue. Ils s'organisent en conséquence pour trouver un débouché à leur révolte. Et comme les néolibéraux, ils inventent leur propre voie d'adaptation, avec l'espoir qu'elle soit véritablement humaine.

Pour notre part, nous sommes conscients que les rapports de force sont massivement en notre défaveur ; que le jeu des intérêts démocratiques ne permet plus de faire triompher ni l'idée de bien commun, ni les idées scientifiques ; et qu'il est même probable qu'une grande partie de l'humanité souscrive au programme délirant de l'imaginaire politique néolibéral dans le registre méprisable de la servitude volontaire.

Pourtant, à défaut de pouvoir changer le monde, nous constatons chaque jour, auprès des jeunes étudiants que nous côtoyons, qu'il existe en chaque génération une appétence profonde pour créer, inventer, apprendre, et que lorsque l'étincelle aura jailli quelque part, ces générations voudront comprendre comment on a pu laisser faire ça. Nous sommes ainsi convaincus qu'elles réagiront de toutes leurs forces, avec l'envie d'échapper au destin qu'on leur aura réservé.

Il n'est pas encore trop tard pour opposer au mot d'ordre néolibéral de l'adaptation, celui de *l'espoir maintenant*[4] ! Rêvons à une Renaissance, à celle du collectif, là où la pensée s'est tue ; imaginons d'autres mondes, non pas seulement parce qu'ils seront nécessaires, mais parce que nous les désirons ; inventons une nouvelle façon d'habiter la Terre et de coopérer avec le reste du vivant. Car, à défaut d'un sursaut salutaire, nous pouvons déjà prédire qu'à la fin du monde, il fera beau.

---

4. Jean-Paul Sartre, Benny Lévy, *L'Espoir maintenant. Les entretiens de 1980*, Paris, Verdier, 1991.

# Table des matières

Conception de la couverture : Aurélie Streiff

Composition : Le vent se lève...

Achevé d'imprimer par Corlet Imprimeur, S.A.
14110 Condé-en-Normandie
N° fab. : 7099 – N° d'imprimeur : 2310.0111
Dépôt légal : février 2024

*Imprimé en France*